北京农业经济学会学术文集2017—2018
北京市社会科学界联合会社会组织重点资助项目

中国农业经济制度创新研究

唐　忠　曾寅初　主编

中国农业出版社
北　京

图书在版编目（CIP）数据

中国农业经济制度创新研究／唐忠，曾寅初主编．
—北京：中国农业出版社，2019.3
ISBN 978-7-109-25275-2

Ⅰ．①中… Ⅱ．①唐…②曾… Ⅲ．①农业经济—经
济制度—中国—文集 Ⅳ．①F321-53

中国版本图书馆 CIP 数据核字（2019）第 036573 号

ZHONGGUO NONGYE JINGJI ZHIDU CHUANGXIN YANJIU

中国农业出版社出版
（北京市朝阳区麦子店街 18 号楼）
（邮政编码 100125）
策划编辑 贾 彬
文字编辑 刘金华
中农印务有限公司印刷 新华书店北京发行所发行
2019 年 3 月第 1 版 2019 年 3 月北京第 1 次印刷

开本：787mm×1092mm 1/16 印张：7.75
字数：170 千字
定价：32.00 元
（凡本版图书出现印刷、装订错误，请向出版社发行部调换）

编辑委员会

前言 农业供给侧结构性改革的路径选择

2017 年中央 1 号文件再次聚焦农业供给侧结构性改革，提出了本年度的目标，即"要在确保国家粮食安全的基础上，……促进农业农村发展由过度依赖资源消耗、主要满足量的需求，向追求绿色生态可持续、更加注重满足质的需求转变。"从六大方面，分 33 项具体领域部署了本年度的任务。概括来说，2017 年度农业供给侧结构性改革可以凝练为两个关键词：一是调整，即农业结构调整；二是改革，即从体制机制上改革那些不适合农业农村进一步发展的环节。

一、结构调整是农业供给侧结构性改革的重点内容

贯彻中央 1 号文件精神，深入推进 2017 年度的农业结构调整，应该主要从 4 个方面进行：

一是构建富有生机活力、适应市场经济要求的新型农业经营体系。改革开放以来，中央在政策上曾 3 次明确推进农业结构调整。第一次是 1985 年，当年的中央 1 号文件指出："大力帮助农村调整产业结构"，"……支持粮棉集中产区发展农产品加工业，调整产业结构。……支持发展畜牧业、水产养殖业、林业等产业。"第二次是 1998 年，在粮食等主要农产品供给大幅度增长，由长期短缺到"总量平衡、丰年有余"的大前提下，中央提出了农业结构的"战略性调整"。第三次是 2015 年，中央 1 号文件提出"深入推进农业结构调整"。2017 年中央 1 号文件是对 2015 年中央 1 号文件精神的继承和深化。那么，这次结构调整和前两次有什么区别？我认为，最重要的一点就是经营体系的不同。前两次结构调整是在分散的小规模农户基础上进行的，这次结构调整，是在新型农业经营体系有了一定发展水平的基础上推进的。截止到 2016 年年底，全国共有经营面积 30 亩[①]以上的专业大户和家庭农场 1 032 万家，农民专业合作社 179.4 万家，农业产业化龙头企业 12.9 万家，农业社会化服务组织超过 115 万个。这些新型经营主体和服务主体数量尽管不多，但对主要农产品供给、农业现代化水平的提高都起到了引领作用。

[①] 亩为非法定计量单位，1 亩≈667 米^2。

因此，2017 年中央 1 号文件提出"大力培育新型农业经营主体和服务主体，通过经营权流转、股份合作、代耕代种、土地托管等多种方式，加快发展土地流转型、服务带动型等多种形式规模经营"。在人多地少、土地规模经营水平上升空间有限的前提下，大力发展土地托管等服务带动型规模经营，是发展中国特色规模经营的正确道路。在此基础上，在农机作业、农田灌排、统防统治、烘干仓储等关键环节为农民提供农业生产全程社会化服务，逐步实现中国式农业现代化。

二是以"三区""四园""一体"为抓手，推进农业结构调整。"三区"就是把全部农产品划分为三大类型，即稻谷、小麦、玉米等粮食生产功能区，大豆、棉花、油菜籽、糖料蔗、天然橡胶等重要农产品生产保护区，园艺产品、畜产品、水产品、林特产品等特色农产品优势区，分区制定政策，促进不同类型农产品的发展。"四园"即：现代农业产业园，它以规模化种养基地为基础，依托农业产业化龙头企业带动，聚集现代生产要素，集"生产＋加工＋科技"于一体，能够发挥技术集成、产业融合、创业平台、核心辐射、示范服务等综合作用；农业科技园，实现产、学、研相结合，集科技创新、研发应用、试验示范、科技服务与培训等功能于一体，不仅成为农业科技成果转化中心，还是科技人员创业平台、高新技术产业孵化基地，是综合性的现代农业创新高地；电商产业园，聚焦品牌推广、物流集散、人才培养、技术支持、质量安全等功能服务，大力促进农产品上行和消费品下行；返乡创业园，支持农民工、高校毕业生、企业主、农业科技人员、留学归国人员等各类人才回乡下乡创业创新，将现代科技、生产方式和经营模式引入农村。"一体"即田园综合体，以农民合作社为主要载体，让农民充分参与和受益，集循环农业、创意农业、农事体验于一体，一、二、三产业融合发展，是促进农民增收的新载体。

三是全面提升农产品质量和食品安全水平。农产品质量安全已经成为影响中国农产品市场竞争力的重要因素。目前，大部分农产品的供给质量达不到消费者的要求，一个突出的例子是奶制品，自 2008 年"三聚氰胺"事件以来，消费者的信心远没有恢复，2016 年国产奶粉的销售量甚至比 2015 年低 2%。我们用世界上 10% 的耕地、6% 的淡水，养活了 20% 的人口，采用的是高投入、高产出、高速度、高资源环境消耗、高污染、粗放式的发展方式，这是不可持续的。2015 年，国务院办公厅发布了《关于加快转变农业发展方式的意见》（国办发〔2015〕59 号），提出了"坚持化肥减量提效、农药减量控害，建立健全激励机制，力争到 2020 年，化肥、农药使用量实现零增长，利用率提高到 40% 以上"的目标。结构调整也是实现这一目标的重要手段。

质量安全问题主要体现在水果、蔬菜、畜产品等大类产品上，要强化源头控制，采取"合作社＋农户"的生产体系，让农民在合作社框架下实现自我管理，通过市场实现质量安全水平提高后的绩效。支持家庭农场、农民合作社、农业企业申请"三品一标"认证，推进农产品商标注册便利化，强化品牌保护，以品牌化提升农产品的质量安全水平。

四是强化三元种植结构。即粮食作物、经济作物、饲料作物协调发展。长期以来，我们过于重视食物生产，而忽视了畜牧业生产所需原料（即饲草和饲料）的来源，近年来大量进口的粮食及其相关产品，如玉米、大麦等，主要用于饲料产业。因此，在"谷物基本自给，口粮绝对安全"的前提下，可以在市场机制的作用下，适当种植饲料作物；在农牧交错地带也应鼓励农民种植青储玉米用于发展畜牧业。为此，2017年中央1号文件提出了"稳粮、优经、扩饲"的要求，以及"大力培育现代饲草料产业体系"的政策导向。从长期看，由于总体上我国的耕地尤其是优质耕地有限，所以饲料、饲草的发展用地可能主要是那些荒山、荒坡、休耕地等。

二、继续向改革要红利

尽管农村改革已经进行了接近40年，但仍然有一些体制机制问题影响甚至阻碍着现代农业的发展。因此，2017年中央1号文件用较大篇幅部署本年度的改革任务。归纳起来，主要有3点：

一是深化农村集体产权制度改革。这方面改革的内容很多，如农村土地集体所有权、农户承包权、土地经营权"三权分置"政策的落实，农村承包地确权登记颁证，农村征地制度和宅基地制度改革等，2017年工作的重中之重是认真总结29个试点地区的经验，全面推进农村集体经营性资产股份合作制改革。2016年12月26日，中共中央国务院发布《关于稳步推进农村集体产权制度改革的意见》，提出要有序推进经营性资产股份合作制改革，并要求在5年之内完成。2017年是开局之年，应该按照上述意见和中央1号文件的要求，首先做好农村集体资产清产核资工作，重点清查核实未承包到户的资源性资产和集体统一经营的经营性资产以及现金、债权债务等，查实存量、价值和使用情况，做到账证相符和账实相符；其次，确认农村集体经济组织成员身份，解决成员边界不清的问题，保障农民集体资产股份权利；最后，在此基础上组建农村社区股份合作社，把集体资产真正落实到每一位成员，并赋予每一位成员都拥有参与合作社重大决策的权利。

二是深化粮食等重要农产品价格形成机制，完善农业补贴制度。目前，大豆、棉花等重要农产品的目标价格制度正在深入推进，一些地区正在进行本地重要农产品的价格保险制度试点，玉米"市场定价、价补分离"改革刚进行到第二年，小麦、稻谷的国家最低收购价格也开始微量下调。改革的关键，是如何在充分发挥市场机制的大前提下，确保农民利益不受损，并重塑农产品竞争优势。这就需要在补贴制度上下功夫，探索出一条所有农产品（包括小麦、稻谷）都实行市场定价、价外定向补贴的价格形成机制和补贴制度，可见，2017年是至关重要的一年。

三是农村金融制度改革。应该说，自2004年中央1号文件以来，几乎每一年的中央1号文件都把农村金融改革放在重要位置。但10余年来一直没有取得突破性进展，除了农村金融问题自身的复杂性外，改革的方向也是可以讨论的问题之一。2017年，在供给侧结构性改革的大背景下，农村金融改革应该在3个领域着力并取得突破。其一，加强农村信用体系建设，推进信用户、信用村、信用乡镇、信用合作社创建。其二，深入推进承包土地的经营权和农民住房财产权抵押贷款试点，探索开展大型农机具、农业生产设施抵押贷款业务。其三，从政策上支持具备条件的农民合作社开展内部信用合作业务，鼓励发展农业互助保险，尤其是联合社范围内开展这两项业务。

北京农业经济学会第六届理事会常务副会长　孔祥智
2017年6月

目　　录

第一部分

农地流转与农户经营

集体组织对土地流转价格的影响分析①

——基于山东省 296 户农户的调研分析

吕亚荣　吴丽丽　于　婷

（中国人民大学农业与农村发展学院）

摘　要：基于目前我国土地流转市场发育总体处于初级阶段，各地区之间发展不均衡的现状，本文将从契约租与经济租对比的角度，划分不同的价格形成机制，分析相对健全的土地流转价格形成机制和相对不完善的价格形成机制之间博弈主体间的共性与差异，尤其是从集体组织的角色切入，认为不能够笼统地说集体组织的存在能够促进缩小土地流转的契约租与经济租之间的差距，而应结合其具体扮演的角色，从维护承包权稳定、促进信息交流、提供信用担保、作为主体参与博弈等方面分析其在价格形成过程中发挥的作用，正确引导集体组织的发展，进而为促进土地流转及其市场发育提供借鉴意义。

关键词：集体组织　土地流转　契约租　经济租

一、引　言

"十三五"期间，中国面临着"适应、把握、引领新常态"的挑战，关注改革和创新带来的持续经济增长力，希望在"保增长、转方式、调结构、促创新、农业现代化、改革体制机制、协调发展、生态文明、民生、扶贫"等 10 个方面取得明显突破。其中，"三农"仍将是我国所面临的亟须发展的板块，是"十三五"规划的重要一环，尤其是农业现代化将扛起改革和创新的大旗，推动国家的稳定持续发展。

十八届五中全会会议公报指出：要"大力推进农业现代化，加快转变农业发展方式，走产出高效、产品安全、资源节约、环境友好的农业现代化道路"。除了将已经实施 11 年的农作物良种补贴、种粮农民直接补贴和农资综合补贴这三者合一，统一为"农业支持保护补贴"以简化行政流程，促进农业收益之外，政府还为了避免由于家庭分散经营而引发生产效率低的情况发生，来大力促进粮食的适度规模经营。

截至 2016 年年底，全国农村家庭承包耕地流转面积已达 4.79 亿亩，占承包耕地总面积的 35.1%。除此之外还有互换、股份合作、转让和临时代耕等多种流转形式。不仅不同地区的土地流转价格不同，不同流转形式的土地流转价格也存在差异，存在多种不同的价格体系，因此，研究我国土地流转市场的价格形成机制将有效帮助我们了解和认知我国的土地流转现状。

---

① 本文为国家社科基金项目"土地三权分置的实践与研究"的中期研究成果之一。

二、土地流转现状

本文以山东省为调查区域，调查地点分别在烟台龙口市、潍坊高密市、枣庄山亭区和德州齐河县，调查涉及 10 个乡镇的 17 个行政村。调查采用入户问卷调查的方式采访了 296 个农户。下面就土地流转情况进行介绍。

（一）流转基本情况

在 296 户农户中，有 144 户参与了土地流转，比例高达 48.6%，其中参与土地转入的有 61 户，占 20.6%；参与土地转出的有 88 户，占 29.7%，还有 5 户既参与了土地转入，同时也参与了土地转出，占比仅为 1.7%。总体来看，该地区土地流转活跃，有接近一半的农户都参与了流转（表 1）。

表 1　农户参与土地流转的户数和面积

项　目	转入方	转出方	参与流转总体	调研总体
参与流转户数（户）	61	88	144	296
涉及土地面积（亩）	3 667.56	457.14	4 124.7	25 255
单位家庭流转面积（亩/户）	60.1	5.19	28.8	13.9

在土地流转面积方面，本次调研中共涉及 4 124.7 亩土地的流转，占总调研覆盖面积的 16.3%，其中转入土地有 3 667.56 亩，占流转土地面积的 88.9%；转出土地则为 457.14 亩，占流转土地面积的 11.1%。

从转入转出对比来看，平均每户转入土地面积可达 60.1 亩，而平均每户转出的土地仅为 5.19 亩，单位流转户转入的亩数为转出的 11.6 倍。

总的来看，土地流转体现出土地向一部分人手中集中的趋势，大多流转的农户将手中的土地集中到了少数转入户手中，单位土地利用户的土地利用面积得到了提升。

（二）流转主体特征

从流转农户的主体特征来看，本次调研的对象平均年龄为 57.9 岁，受访者家庭人口数平均为 3.43 人，成年人口数为 2.94 人，平均每个家庭有一位未成年孩童。同时整体受访群体平均受教育年限为 7.55 年，且男性受访者显著多于女性受访者（表 2）。

表 2　参与土地流转农户的主体特征

项　目	转入方	转出方	参与流转总体	调研总体
受访者年龄（岁）	51.8	62.1	60.3	57.9
受访家庭人口数（人）	3.72	3.05	3.46	3.43
受访家庭成年人口数（人）	3.07	2.72	2.98	2.94
受访者受教育年限（年）	8.18	7.33	8.00	7.55
性别比例	45∶16	70∶18	115∶34	234∶62

其中转入土地的农户受访者平均年龄为 51.8 岁，而选择转出土地的农户受访者平均年龄则为 62.1 岁，体现出土地逐步向较为年轻的群体中聚集。

劳动力数量上，转入土地的农户中平均家庭人口数为 3.72 人，平均家庭成年人口数为 3.07 人；而选择转出土地的家庭平均家庭人口数为 3.05 人，平均家庭成年人口数为 2.72 人。不难发现在土地流转过程中，土地有向家庭人口数较多，尤其是家庭成年人口数较多的家庭聚集的趋势。

在性别方面，全体受访者的男女比例为 234∶62，其中家庭选择转入土地的男性受访者有 45 位，女性有 16 位；家庭选择转出土地的男性受访者有 70 位，女性有 18 位，并没有表现出显著的性别差异。

在受教育程度方面，转入土地的家庭受访者平均受教育年限为 8.18 年，而转出土地的家庭受访者平均受教育年限仅为 7.33 年，选择转入土地的家庭受访者教育水平普遍高于转出土地的家庭受访者。

总体来看，土地流转主体表现出转入方较转出方年龄低、家庭成年人口数多、受教育水平高的特征，土地越来越集中到更年轻、更具有务农能力且具备更高文化素质的群体及其家庭中。

（三）流转方式及对象

在本次调研中，土地流转主要以租赁和转包的方式进行，其中采取转包的方式流转最多，为 80 户，占 55.5%；租赁次之，为 55 户，占 38.2%。流转价格的确定与支付基本以多年期合约、租金一年一付的形式进行（表 3）。

表 3　参与流转农户的土地流转方式

项　目	租赁	转包	托管	入股	转让
流转户数（户）	55	80	2	3	4

从流转对象方面来看，转出以种粮大户为主，而转入则多通过熟人之间进行，流转过程中大部分村集体都充当了一定角色，但总体来看，直接向村集体流转土地的农户仅占全体流转农户的 20% 左右（表 4）。

表 4　参与土地流转农户的流转对象

项　目	亲戚	熟人	农业企业	种粮大户	合作社	村集体	地方政府	其他
流转户数（户）	24	43	3	39	3	29	4	4

总的来看，流转还是主要在熟人之间展开，且大多数在本村内展开，144 户流转中有 110 户的对手方为本村村民，仅有 34 户与外村人进行土地流转交易。

同时，已经有部分地区的村集体在土地流转过程中担任积极主动的角色，29 户农户的流转均是将土地流转给村集体，然后由村集体统一进行流转或利用，除此之外村集体也可能以其他方式参与流转过程或成为流转的主体。

三、土地流转契约租与经济租测算与比较

契约租和经济租是西方经济学依照经济剩余的概念划分出的两个定义。契约租即契约地租，又称为商业地租，是指当土地的所有者将土地租赁出去的时候，土地承租人与出租人签订契约所确定的实际支付租金数额，是一个约定值；而经济地租也称为理论地租，是按照土地总收益扣除总成本后的剩余部分，即利用土地所得超过支出成本的纯收益，是一个计算值。

本文以村为单位，分别测算其契约租和经济租，从契约租和经济租的对比角度来看目前土地市场的价格现状，同时分析集体组织在土地流转价格形成的过程中所起到的作用。

（一）契约租的测算

契约租（R）将由土地转出方和转入方签订的合约确定，每个发生实际土地流转的农户签订或实际收支的土地租金即为契约租。该村的契约租由契约租平均计算而得，见式（1）.

$$\bar{R} = \frac{\sum_{i=1}^{n} R_i}{n} \tag{1}$$

式中，$\bar{R}$ 为村级契约租，R_i 为 i 农户的契约租，n 为村级农户数。

（二）经济租的测算

经济租则由收益现值法测定得到。个体农户的经济租具体测定方法将按照以下公式计算：

$$V_i = \sum_{t=1}^{im} \frac{E_{it}}{(1+e)^t} \tag{2}$$

式中，V_i 为 i 农户流转土地的使用权经济价值（经济租），E_{it} 为 i 农户第 t 年土地预计净收益，im 为 i 农户土地流转期限，e 为折现率（一般采用同期贷款利率）。

其中在第 t 年的时候，V_i 进一步可以由收入和成本法计算所得：

$$E_i = I_i - C_i + G_i \tag{3}$$

式中，I_i 为 i 农户土地年平均总收入，C_i 为 i 农户土地年平均总成本，G_i 为 i 农户得到的国家补贴。更进一步来看，I_i 和 C_i 还可以表示成：

$$I_i = P_i Y_i; \quad C_i = C_{iG} + C_{iL} \tag{4}$$

式中，P_i 为 i 农户产出农产品单位价格，Y_i 为 i 农户农产品年产量，C_{iG} 为 i 农户投入生产资料成本，包括种子、肥料、机械等，C_{iL} 为 i 农户投入劳动力成本，包括劳动工资、雇工等。

为标准化计算结果并方便于后续对比分析，结合大多数土地流转 1 年 1 续、1 年 1 付租的经济事实，我们将经济租的测算限定在土地一年收益上，由此可得到 i 个农户流转土地的经济租的计算公式为：

$$V_i = \sum_{t=1}^{im} \frac{P_i Y_i - C_{iG} - C_{iL} + G_i}{(1+e)^t} \tag{5}$$

那么以村为单位的土地流转经济租的测算公式为：

$$\bar{V} = \frac{\sum_{i=1}^{n} V_i}{n} \tag{6}$$

在整个测算和分类过程中，我们暂不区分土地转入方和转出方，因为无论是契约租还是经济租，一旦双方统一后确定出的价格对于转入方或是转出方都将是一致的。同时不管转入方在转入土地后是否变更种植作物种类，为确立统一的尺度，假定在确定流转价格时双方均是以种植粮食作物为依据的，因此该契约租和经济租在每一次的流转中对于转入方和转出方也都是一致的。

（三）契约租与经济租的测算结果及分析

根据上述的公式，我们对每个村子契约租和经济租的测算结果见表 5。我们将契约租和经济租的差额占经济租的比例，与经济租 25% 进行比较，在此基础上将 17 个村划分为契约租小于经济租、契约租约等于经济租和契约租大于经济租 3 种类型。

表 5 村契约租与经济租的测算结果

市（县）	烟台龙口市				潍坊高密市				
镇（乡）	诸由观		北马			大牟家		胶河	
村	冶基	东台	前诸留	小陈家	官厅	岗家庄	三和新	张家庄	李家屯
契约租（元/亩）	360	1 166	372	300	1 056	957	1 024	707	456
经济租（元/亩）	745	856	887	861	976	864	893	265	457
差额（%）	−51.68	36.21	−58.06	−65.16	8.20	10.76	14.67	166.79	−0.22

市（县）	枣庄山亭区				德州齐河县			
镇（乡）	城头		徐庄	桑村	刘桥	洪州	焦庙	
村	李时	东城头	郭庄	芹沃	西杨	田东	曹虎	石门张
契约租（元/亩）	841	800	750	685	620	750	550	800
经济租（元/亩）	874	788	889	855	1 721	1 117	1 492	1 474
差额（%）	−3.78	1.52	−15.64	−19.88	−63.97	−32.86	−63.14	−45.73

Ⅰ型：当契约租比经济租小，且差额低至经济租的 25% 时，为契约租小于经济租的类型。总计 7 个村。主要分布在：烟台的冶基村（−51.68%）、前诸留村（−58.06%）、小陈家（−65.16%）3 个村和德州的西杨村（−63.97%）、田东村（−32.86%）、曹虎村（−63.14%）和石门张村（−45.73%）的 4 个村。

Ⅱ型：当契约租与经济租之间的差额在经济租 25% 的区间内浮动的，为契约租约等于经济租的类型，总计 8 个村。主要分布在：潍坊的官厅村（8.20%）、岗家庄（10.76%）、三和新村（14.67%）、李家屯村（−0.22%）4 个村和枣庄的李时村（−3.78%）、东城头村（1.52%）、郭庄（−15.64%）、芹沃村（−19.88%）4 个村。

Ⅲ型：当契约租大于经济租，且差额超过经济租的 25％时，为契约租大于经济租的类型，总计 2 个村。分别是烟台的东台村（36.21％）和潍坊的张家庄（166.79％）。

四、集体经济组织参与土地流转对租金价格的影响

我们根据调查资料，将村集体经济组织参与土地流转的情况以及形成的租金差价类型归纳如下（表 6）。

表 6　村集体参与流转情况

市（县）	烟台龙口市				潍坊高密市			
镇（乡）	诸由观		北马		大牟家		胶河	
村	冶基	东台	前诸留	小陈家	官厅	岗家庄	三和新	张家庄	李家屯
租金差价类型	Ⅰ型	Ⅲ型	Ⅰ型	Ⅰ型	Ⅱ型	Ⅱ型	Ⅱ型	Ⅲ型	Ⅱ型
村集体参与情况	否	是	是	否	是	是	是	否	否
市（县）	枣庄山亭区				德州齐河县			
镇（乡）	城头		徐庄	桑村	刘桥	洪州	焦庙	
村	李时	东城头	郭庄	芹沃	西杨	田东	曹虎	石门张
租金差价类型	Ⅱ型	Ⅱ型	Ⅱ型	Ⅱ型	Ⅰ型	Ⅰ型	Ⅰ型	Ⅰ型
村集体参与情况	是	是	是	是	否	否	否	否

总体来看，集体经济组织是否参与流转对租金价格形成可能有一定的影响。第一种情况是集体经济组织主导流转、参与租金价格形成的博弈过程，从而使租金价格形成契约租超过经济租或者持平的情况。第二种情况是集体经济组织不直接参与流转，而是提供流转信息、做好沟通、协调等方面的工作，租金价格完全由流转双方协商而定。第三种情况是集体经济完全不参与流转，由流转双方自行搜索交易对象、自行协商价格、自行完成交易。下面我们主要从集体经济组织参与的角度来分析这几种情况。

（一）村集体经济组织参与主导流转

在由村集体经济组织主导的农地流转中，一般是由村集体经济组织牵头统一集中农民的土地，然后以村集体为主要转出方，将土地流转到需要的转入方手中。在此流转路径中，集体经济组织既是流转土地的利益相关者，也是流转土地的管理者、协调者。

例如，烟台的东台村属于集体主导流转、契约租高于经济租的案例。东台村是村庄农地全部集中到村集体手中，由村集体进行统一的土地整治，调查中村会计告诉我们，"很多边边角角、沟沟坎坎的土地经过平整后都成为可以耕作的农地，扩大了农地面积"。整治好的农地质量高，适宜机械化作业，相对于小规模农地，其土地价值自然就上去了，流转价格自然比一家一户小规模的流转价格要高一些。同时，作为转入土地的买方因为只需要跟作为卖方的村集体进行协商谈判，避免了与一家一户打交道，所以其交易成本自然也降下来了。基于质量提升、土地集聚、节约成本等综合因素的考虑，契约租高于经济租的情况也就可以理解了。

（二）村集体经济组织参与协助流转

村集体经济组织协助流转主要表现为帮助转入方集中土地、形成规模，帮助流转双方协调流转价格，完成流转交易。

例如，潍坊市的官厅村就属于集体主导流转、契约租与经济租持平的案例。官厅村共有 147 户，580 人，分为 12 个村民小组，拥有 1 900 亩耕地和 40 亩果园，于 1999 年二轮承包时全部发包给村民，并在 2004 年之前每年依照人口变动进行一次小调整。2013 年，两个种植大户分别从该村流转了 1 800 亩和 400 亩的土地，分别种植粮食和蔬菜。此过程的土地由村集体经济组织协助完成，将流转价格定为"当年 500 千克小麦的市场价格"，同时规定种粮补贴归大户所有；农地流转期限为 15 年（2013—2028 年），租金 1 年 1 付，由村集体经济组织负责收取租金，然后再协助发放给农户。村集体经济组织收取管理费为 20 元/亩。2015 年受干旱等自然灾害影响，小麦亩产受到严重影响，分别降至亩产 400 千克小麦、300 千克玉米，年亏损 200 万，经协商，该年的土地流转价格降为"当年 400 千克小麦的市场价格"，而没有受到灾害影响的官厅村则仍然维持土地流转价格是"当年 500 千克小麦的市场价格"。以上案例表明，村集体经济组织参与协调流转一定程度上是可以维护好流转双方利益的。

（三）村集体经济组织提供信息沟通

村集体组织的存在确实能够在必要时帮助流转方进行信息收集，尤其是在促成种粮大户、家庭农场进行土地流转时，集体组织可以作为沟通的中介，收集双方信息，汇总以帮助种粮大户、家庭农场的土地流转顺利进行。

例如，枣庄市徐庄镇郭庄借助于该镇的土地产权交易中心进行土地流转。因为土地流转信息公开，所以有流转意向的农户可通过交易中心平台获取信息，与村集体经济组织联系，这减少了信息不对称和信息不充分的情况，有利于土地流转。在这个过程中，村集体经济组织仅帮助土地转出方和转入方的联系，不参与定价与租金交付过程。由于该村试行土地产权长久不变与土地抵押贷款，因此流转双方必须签订规范的流转合约，并在土地产权交易中心进行登记备案。此举有效促进了郭庄及其周边地区的土地流转，使土地面积得到较大幅度的提升。

五、结 论

基于实际调查数据和案例分析，本文对调查村域的契约租和经济租进行了测算和比较，将目前土地流转中形成的租金价格分成了契约租分别大于、等于和小于经济租的三种类型。我们认为，在土地流转过程中，村集体经济组织通过参与主导流转、参与协调流转、提供信息沟通等多个角度，对租金价格的形成既产生了直接的影响，也产生了间接的影响，这不是单方面的影响，而是多方面的影响。有些案例中，集体经济组织主导和协调的土地流转价格，也就是说契约租往往是高于或等于经济租的，这说明集体经济组织在与转入方的价格博弈中是成功地、有优势的，不过这种类型往往是应用在土地流转规模比较大、成片流转的情形下。另外，集体经济组织在流转双方的信息沟通交流上也发挥着重要的作用。

当然，在有一些土地流转的案例中，集体经济组织并没有参与流转，而契约租仍然高于或与经济租持平，我们认为"集体经济组织没有参与"本身也是土地流转市场发展的形式，流转双方完全可以借助土地产权交易平台、农村经纪人、亲戚朋友等中介，来实现土地流转。

因此，在农村土地流转中我们既要积极引导村集体经济组织有序、规范地参与土地流转，又要发挥村集体经济组织在信息沟通、土地集中、价格协商中的优势作用，维护土地流转市场健康发展。

参考文献

关艳，2011. 我国农村土地流转市场现状调查及对策研究 [J]. 经济纵横（3）：80-82.

韩松，2012. 新农村建设中土地流转的现实问题及其对策 [J]. 中国法学（1）：19-32.

何国俊，徐冲，2007. 城郊农户土地流转意愿分析——基于北京郊区 6 村的实证研究 [J]. 经济科学（5）：111-124.

黄延信，张海阳，李伟毅，等，2011. 农村土地流转状况调查与思考 [J]. 农业经济问题（5）：4-8.

黄祖辉、王朋，2008. 农村土地流转：现状、问题及对策——兼论土地流转对现代农业发展的影响 [J]. 浙江大学学报（38）：38-47.

李中，2013. 农村土地流转的博弈分析 [J]. 湖南科技大学学报（16）：120-122.

李中，游达明，刘卫柏，2013. 农村土地流转路径的动态博弈分析 [J]. 系统工程（31）：103-108.

刘启营，2009. 健全农村土地流转市场的困境与政府行为分析 [J]. 安徽农业科学（21）：10207-10209.

毛飞，孔祥智，2010. 农村土地流转特点、成效与政府支持——来自成都的经验与启示 [J]. 经济体制改革（4）：104-108.

徐美银，2013. 农民阶层分化、产权偏好差异与土地流转意愿——基于江苏泰州市 387 户农户的实证分析 [J]. 社会科学（1）：56-66.

叶剑平，2006. 中国农村土地流转市场的调查研究——基于 2005 年 17 省调查的分析和建议 [J]. 中国农村观察（4）：48-55.

周诚，2003. 土地经济学原理 [M]. 北京：商务印书馆.

农户土地流转与农业生产率变化

曾雅婷

（中国人民大学农业与农村发展学院）

摘　要： 文中以我国粮食主产区 363 户农户的调查数据为例，采用多元回归模型分析了土地流转对土地总产出、土地生产利润和劳动生产率的影响。研究发现：土地转入农户的农业生产效率与其他农户的差别不大，而土地转出农户的生产效率则显著低于其他农户；土地流转市场不发达的黄淮海地区的土地生产效率显著低于其他地区；在投入要素中，农业劳动力质量和资本技术投入对农业生产效率的影响更显著。基于此提出了相关建议。

关键词： 土地流转　劳动力　土地　农业生产率

一、背景与问题的提出

家庭联产承包责任制自 1978 年试点成功后在全国农村推广实施，至今已有 40 年。该政策自实施以来，大大激励了农民的生产积极性，为提高农业生产率和农民收入做出了巨大的贡献。但反观当时的政策，虽说也提了"由于劳力强弱、技术高低不同，承包土地的数量也可以不同"[①]，但全国绝大部分地区对土地承包都采取了按人头平分土地的"均田制"。具体操作，为保证土地分配的公平性，通常是土地先按优劣分级之后，把每一等级的耕地平均分配给每一户村民，大部分集体内每户农民都拥有各个等级的土地，其结果就是农户不仅拥有的土地规模小，而且细碎化程度高。随着此轮土地改革制度红利的释放，小规模土地的弊端不断显现出来，农民增收受限，农业现代化进程也受到影响。与此同时，随着我国改革开放政策的实施，劳动力市场逐步放开，大量劳动力从农业中释放出来，为非农产业发展形成了巨大的人口红利，一方面为我国改革开放后国民经济的高速发展、国民收入的提高奠定了微观基础，另一方面推动了我国城市化的快速发展。国民生活水平的提高和非农人口的增加都对我国的粮食安全产生了更高的要求。中国正处于城镇化快速发展阶段，非农建设用地扩张不可避免，而可供开垦的后备土地资源匮乏，因此耕地数量增加的可能性非常小。在耕地供给不增加、粮食需求却不断增加的情况下保障国家粮食安全最有效的途径就是提高农业生产效率。

而在当前农业生产规模小、收益十分有限的情况下，农户缺乏改良农业生产技术、提高农业生产率的积极性。为解决这一问题，帮助农户扩大生产规模、推进农业现代化进程、提高农业生产效率，从而促进农村经济发展、保障国家粮食安全，我国不断放开土地经营权流转市场。1984 年的中央 1 号文件已初步提出"让土地逐步向种田能力集中"，为土地流转政策的实施留了口子。1993 年，中央 11 号文件提出，"经发包方同意后，在坚

---

① 　引自 1982 年中央 1 号文件：《全国农村工作会议纪要》。

持集体所有和用途不变的条件下可以在承包期内转让土地使用权。"2002 年发出的《中共中央关于做好农户承包地使用权流转工作的通知》和 2002 年实施的《中华人民共和国农村土地承包法》明确规定"通过家庭承包取得的土地承包经营权可以依法采取转包、出租、互换、转让或者其他方式流转","承包方之间为发展农业经济，可以自愿联合将土地承包经营权入股，从事农业合作生产"。2003 年出台的《中华人民共和国农村土地承包法实施条例》和 2005 年出台的《农村土地承包经营权流转管理办法》都有类似的规定。2014 年出台的《关于引导农村土地承包经营权有序流转发展农业适度规模经营的意见》则明确提出了"所有权、承包权、经营权三权分置"，并把推动土地有序流转、发展农业适度规模经营作为实现农业现代化的重要举措。这一系列文件不断放开土地流转市场、规范土地流转行为。政策实施以来，我国农业土地流转速度不断加快，全国土地流转率从 1999 年的 2.53%快速上升至 2015 年的 28.28%[①]。在全国已有近 1/3 的土地参与土地流转的情况下，不同土地流转决策的农户，生产经营方式是否相同？是否存在生产效率上的差异？是否如政策制定预期的那样，农户通过参与土地流转，实现了土地生产效率的提高？现有的研究中对这方面的检验还比较少，已有的检验方法和差异也都比较大，本文希望通过对我国粮食主产区 6 省 460 户农户的实地调研，具体分析不同土地流转决策的农户的土地生产效率和劳动生产效率的影响因素，并以此探析进一步提高我国农业生产效率的针对性方法。

二、文献综述

关于土地流转与农业生产效率间的关系，学者间的争论颇多。目前已经有相当一部分学者从理论与实证方面研究了土地流转与农户经营效率之间的关系。

理论分析方面，现有研究的观点并不一致，有学者认为，土地流转会实现农业生产效率的提高，通过土地流转市场的放开，交易成本的下降，土地会流向农业生产效率高的农户，产生边际产出拉平效应[②]，从而能实现农业生产效率的提高。此外，土地的自由流转还可以增加农户交易收益效应[③]，提高农户对农业的投资，从而提高土地利用效率。但也有学者从农户的角度思考，认为农户流转土地的主要目的是提高收益，通过土地流转扩大土地规模，通过规模效应使农业劳动力得到充分的利用，提高劳动生产率和农户总收入，从而达到农户的预期收入底线，不一定能提高土地生产效率。还有学者从劳动力流转的角度出发，认为与非农产业相比，在农业收益率很低的情况下，农户外出可能使得土地流向那些不能有效使用的农户，这样的土地流转不会改变目前农业生产的方式和资源配置效率，甚至会带来土地生产效率的下降。

实证分析方面，由于作者样本的选择范围、对农业生产效率的衡量方法等方面的差

---

① 引自陈锡文在全国政协十二届三次会议记者会上的发言。

② 所谓边际产出拉平效应，即土地的自由流转促使土地边际产出较小的农户将土地租让给土地边际产出较高的农户，在边际报酬递减规律的支配下，两者的边际产出趋于相等。土地边际产出相等说明资源配置效率达到了无法再进一步改进的地步。

③ 所谓农户交易收益效应是指土地交易性的提高增加土地拥有者在需要的时候找到土地需求者的概率，同时也增加土地投资实现其价值的概率，从而提高农民进行土地投资的积极性。

异，使实证结果差异较大。有研究表明土地流转对农业生产效率存在着正向影响，如陈园园等以 2013 年 10 月获得的晋西北地区 296 户农户的调查数据为例，衡量了土地流转对土地总产出和劳动生产率的影响，认为农户的土地转入行为对土地总产出和劳动生产率均有显著正向影响，而农户的土地转出行为对其影响则不显著，其中，耕地规模、物质投入、劳动力投入是影响劳动生产率的主要因素。刘涛选取耕地复种指数和土地综合产出率两个指标来表示农户土地利用效率，利用 2007 年 3 月获得的江苏省南京市 274 个农户的实地调查数据，结果表明转出土地的农户的复种指数和平均土地综合产出率要低于没有转出土地的农户，而转入土地农户的平均土地综合产出率要高于没有转入土地的农户。朱建军等采用 2008 年 7～9 月中国健康与养老追踪调查于甘肃和浙江两省城乡开展的预调查数据，以亩均产量作为研究对象，认为土地流转市场发育程度影响土地生产率，土地流转市场发育程度高的地区，农地流转明显提高了土地生产率。也有研究表明土地流转对不同维度的农业生产效率存在着不同影响，陈训波等运用 2009 年获得的 543 个农户样本，采用 DEA 方法测算了北京、上海和广东 3 个省份农地流转对农户生产率的影响，认为农地流转会降低农业的技术效率，但是会提高农业的规模效率，且规模效率的正效应大于技术效率的负效应，因而提高了农业生产率；农地流转会显著增加劳动生产率，但是会降低土地生产率。也有研究认为，土地流转对农业生产效率无显著影响，韩德军等选取贵州省两个村，分析了当地土地流转和农户经营行为，结论则是当地由于农田水利、交通和自然条件差，加之干旱、土质差等自然条件原因，致使农业收入较低且农业经营风险较大，土地流转在当地并没有对农业规模经营起到关键作用，对农业经营行为、经营效率影响均较小。

无论是理论分析还是实证检验，关于土地流转与农业生产效率间的关系是近年来的热点研究问题，结论却是千差万别。回顾已有文献，要么使用的数据较为陈旧，要么选择的研究范围难以反映我国农业主产区的情况。为在我国农村劳动力大量流转、农村土地租赁市场迅速发展、农业机械化使用率大幅上升的大背景下，更好地了解我国不同类型农户土地流转与农业生产效率的关系，有必要获取农业主产区农户的一手调研数据并加以分析。

三、抽样框架和数据基本描述

（一）抽样框架

本文使用的是一手数据，数据来源于中国人民大学农业与农村发展学院师生于 2015 年 8～9 月对中国 6 个省份农户的实地调查。本研究中农户包括户籍是农村户口、在村里有承包责任地的农村居民，在农村地区专业或兼业从事种植业、养殖业生产的常住户两类。

调研中利用非随机抽样的方法获取到样本框之后，再以分层抽样和系统抽样相结合的办法获取调查样本。我国有三大粮食主产区域——东北区域、黄淮海区域和长江中下游区域，具体包括了 13 个粮食主产省份①。首先，在省份选择中，根据随机抽样原则，按照

---

① 13 粮食主产省份分别是黑龙江、吉林、辽宁、内蒙古、河北、河南、山东、江苏、安徽、江西、湖南、湖北、四川。这 13 个粮食主产省份分属三大区域：东北区域、黄淮海区域和长江中下游区域。其中，东北区域包括黑龙江、吉林、辽宁、内蒙古 4 省份；黄淮海区域包括河北、河南、山东 3 省份；长江中下游区域包括江苏、安徽、江西、湖南、湖北、四川 6 省份。

纬度差异，在东北区域抽取了黑龙江省作为调研地，在黄淮海区域抽取了河北省、山东省以及河南省作为调研地，在长江中下游区域抽取了四川省和江苏省作为调研地。其次，在每个样本省份选择 1~2 区县作为样本区县，在样本区县的选择中均选择了有代表性的农业大县。黑龙江省选择了齐齐哈尔市富裕县、双鸭山市宝清县，河北省选择了沧州河间市，山东省选择了德州禹城市，河南省选择了郑州市中牟县，四川省选择了德阳绵竹市、成都崇州市，江苏省选择了徐州新沂市①。从这 8 个县市中，每个县市选 2~3 个村，每个村随机抽取了 15~20 个农户家庭，最终完成有效问卷 460 份。样本选择区域情况见表 1。

调查内容涵盖了农户家庭的劳动力、外出务工、土地经营情况、农业生产、农业机械购买、机械化水平以及农户家庭收入消费等方面的情况。

在样本筛选过程中，我们剔除信息填写明显存在大量错误及数据大量缺失的样本，采用了 Stata 12.0 进行数据处理与分析。

表 1　样本选择区域情况介绍

区域	省份	县市	主要粮食作物	抽取的样本数
东北区域	黑龙江	齐齐哈尔富裕县	大豆、玉米、小麦、水稻	190
		双鸭山宝清县	水稻、大豆、玉米	
黄淮海区域	河北	沧州河间市	玉米、小麦、棉花	133
	山东	德州禹城市	小麦、玉米、地瓜、大豆	
	河南	郑州中牟县	玉米、小麦、蔬菜、西瓜	
长江中下游区域	四川	德阳绵竹市	水稻、小麦、玉米、红薯	137
		成都崇州市	水稻、小麦、玉米	
	江苏	徐州新沂市	水稻、小麦、玉米	

（二）农地流转市场发育状况比较

所调研的农户中有 33.33% 的农户拥有土地转出经历，66.67% 的农户没有土地转出的经历。其中，长江中下游地区转出土地的农户比例相对较高，有超 40% 的农户转出过土地，黄淮海地区农户转出土地的情况较少，只有 17.65% 的农户有转出过土地的经历，东北地区有约 34.74% 的农户有转出过土地的经历。2014 年转出农地的农户有 127 户，占总户数的 26.96%。调研样本中所有转出户的平均转出面积为 24.79 亩，长江中下游地区的转出面积较小，平均每户为 2.64 亩；黄淮海地区的平均转出面积为 4.23 亩；东北地区转出户的平均转出面积相对较大，为 52.33 亩。所有转出户的平均转出费用为每亩 587.16 元。长江中下游地区转出费用相对较高，为 727.31 元/亩；黄淮海地区为 642.11 元/亩；东北地区较低，为 438.39 元/亩。所有转出户的平均转出年限为 6.69 年，长江中下游地区转出时间平均为 8.40 年；黄淮海地区转出期限相对较长，为 9.42 年；东北地区较低，为 4.16 年（表 2）。

---

① 在区县选择中，考虑了当地的粮食生产情况，选择了粮食生产量比较大的县市。

表 2　农户土地转出情况

2014 年是否有过	全国		长江中下游地区		黄淮海地区		东北地区	
土地转出	是	否	是	否	是	否	是	否
数量（户）	127	344	52	93	19	117	56	134
比例（%）	26.96	73.04	35.86	64.14	13.97	86.03	29.47	70.53
转出土地农户平均转出面积（亩）	24.79		2.64		4.23		52.33	
转出费用（元/亩）	587.16		727.31		642.11①		438.39②	
转出期限（年）	6.69		8.40③		9.42④		4.16⑤	

注：①黄淮海地区的转出户中有 5 户是转给自家亲戚，未收租金即租金为 0。②东北地区的转出户中有 4 户是转给自家亲戚，未收租金即租金为 0。③长江中下游地区的转出户中有 1 户是租期不定，随时可收回，故数据统计中将租期设定为 0 年。④黄淮海地区的转出户中有 3 户是租期不定，随时可收回，故数据统计中将租期设定为 0 年。⑤东北地区的转出户中 1 户是租期不定，随时可收回，故数据统计中将租期设定为 0 年。

所调研的农户中有 140 户农户拥有转入土地经历，占总户数的 29.72%；有 70.28% 的农户没有转入土地的经历。其中，长江中下游地区转出土地农户的农户比例较低，有 12.41% 的农户转出过土地，黄淮海地区农户也只有 15% 的农户有转出过土地的经历，东北地区有 53.16% 的农户有转入土地的经历。2014 年转入农地的农户有 127 户，占总户数的 26.96%。与转出土地农户的平均转出面积相比，调研样本中农户的平均土地转入面积更高，全样本中土地平均转入面积为 106.74 亩；长江中下游地区平均转入面积为 65.81 亩，黄淮海地区平均转入面积为 41.93 亩，东北地区的平均转入面积为 126.99 亩。全样本平均转入费用为每亩 570.79 元。长江中下游地区转出费用相对较高，为每亩 620.59 元；黄淮海地区为每亩 534.44 元；东北地区较低，为每亩 397.40 元。所有转入农户的平均转出年限为 3.06 年，长江中下游地区的平均转入期限为 6.13 年；黄淮海地区平均转入期限为 6.33 年；东北地区较低，为 1.92 年（表 3）。

表 3　农户土地转入情况分析

项　目	全国		长江中下游地区		黄淮海地区		东北地区	
	是	否	是	否	是	否	是	否
数量（户）	127	344	17	128	18	118	92	98
比例（%）	26.96	73.04	11.72	88.28	13.24	86.76	48.42	51.58
转入土地农户平均转入面积（亩）	106.74		65.81		41.93		126.99	
转出费用（元/亩）	570.79		620.59		534.44		397.40	
转出期限（年）	3.06		6.13		6.33		1.92	

通过土地流转，已经有 97 户农户完全脱离农业，不再从事农业生产，占总户数的 21.09%；仍在从事农业生产的农户有 363 户，占总户数的 78.91%。由于本文是讨论农业生产效率，因此样本也选为这 363 户从事农业生产的农户。净转入土地的农户有 123 户，占总户数的 26.74%，占从事农业农户数的 33.88%，净转入户的平均生产规模为 132.19 亩，显著高于其他类型农户，由此可见通过土地转入有效提高了农户的生产规模。土地规模无变动的农户有 227 户，占总户数的 49.34%，占从事农业农户数的 62.53%，净转入户的平均生产规模为 14.59 亩。转出部分土地农户数量较少，只有 13 户，只占总

户数的 2.83%（表4）。由此可见，我国大部分从事农业生产的农户，要么是维持原有土地面积不变，要么是扩大土地面积，或者完全离开农业。

表4 不同流转类型农户经营规模分析

流转农户	全国		长江中下游地区		黄淮海地区		东北地区	
	户数	生产规模（亩）	户数	生产规模（亩）	户数	生产规模（亩）	户数	生产规模（亩）
净转入[①]土地的农户	123	132.19	15	76.77	17	121.57	91	156.69
部分转出土地[②]的农户	13	4.5	7	1.4	4	5.18	2	14
完全转出土地[③]的农户	97	0	43	0	11	0	43	0
土地规模无变动的农户	227	14.59	72	3.66	101	7.05	54	43.29
合计	460		137		133		190	

注：①净转入为转入土地数量减去转出土地数量大于零。②部分转出为一部分土地已经转出，但仍保留部分土地在从事农业生产活动。③全部转出为已不再从事农业生产的农户。

（三）变量定义和数据基本描述

参照农业生产效率的已有文献，为避免指标选取带来的偏误，本文选择农业总产量、不包含土地收入的农业总利润、包含土地收入的农业总利润、亩均利润和人均利润5个不同的指标作为农业生产效率的代理变量，分别考察其与农户土地流转、经营方式的关系。而在两个模型中，包括被解释变量、解释变量、控制变量与虚拟变量，有关变量的说明与描述性统计详见表5。

表5 变量定义及描述性统计

变量类型	变量	变量描述	均值	标准差
被解释变量	种植业生产总收入（元）	当年所有农业产品产出总值	82 147.56	224 993
	种植业生产净利润（元）	当年所有农业产品产出总值－（种子、化肥、农药、雇用劳动力、农业机械投入、灌溉、地膜等生产性支出）	63 040.14	186 175
	农业种植总利润（元）	农业种植总利润＝种植业生产总收入＋租出土地收入－租入土地支出	47 931.67	155 999
	单位土地净利润（元/亩）	种植业生产净利润/考虑了复种的播种面积	1 133.79	1 904.27
	单位劳动利润（元/工日）	种植业生产净利润/农业投入工日数	629.26	3 805.37
解释变量	是否土地净转入户	是土地净转入户＝1；非土地净转入户＝0	0.34	0.47
	是否土地净转出户	是土地净转出户＝1；非土地净转出户＝0	0.08	0.28
控制变量	农业劳动力受教育情况	家庭当中所有满16岁且小于65岁（未全日上学）的农业劳动力的教育年限之和/劳动力数量（单位：年）	7.39	2.88
	农业劳动力年龄	家庭当中所有满16岁且小于65岁（未全日上学）的农业劳动力的年龄之和/劳动力数量（单位：年）	49.64	10.06
	农业劳动工日	家庭农业生产投入的农业劳动总工日（以整工日计算）	262.88	251.42

（续）

变量类型	变量	变量描述	均值	标准差
控制变量	农户家庭当年经营土地总数(亩)	自家的土地＋转入土地－转出土地数	54.08	105.75
	土地块数	农业生产土地块数	5.78	8.90
	粮食作物播种比例	粮食作物播种面积/农业实际播种面积①	0.90	0.25
	农业生产总投入（元）	种子、化肥、农药、灌溉、地膜等物资投入总额	11 666	32 994
	农业机械投入额（元）	购买农机服务支出＋自有农机燃料支出	2 863.31	7 881.30
	非农收入占总收入比例	非农收入/家庭总收入	0.40	0.47
虚拟变量	是否为长江中下游地区	是＝1；否＝0	0.26	0.44
	是否为黄淮海地区	是＝1；否＝0	0.34	0.47

注：①考虑土地复种的影响的土地实际耕种面积，对于一年播种多次的地块采取面积加总的方法。

为了更好地了解农户的生产效率，本文选取了前人研究中较常使用的 5 种被解释变量，其中，选择收入作为衡量方式是由于一些农户在所种植作物品种上存在差异，直接在产量层面上进行加总并不科学，利用各品种的价格信息进行加总才更为合理。从样本中的农户收入来看，由于本文样本选择区域为粮食主产区，生产条件较好，因此农户的农业收入也普遍较高。文中的解释变量为农户的土地流转情况，采用的是 0/1 的二元变量。控制变量中，包括农业生产中的所有要素投入变量及其他相关影响变量。其中包括：劳动力要素的投入数量与劳动力质量（受教育水平/年龄情况）；土地要素的投入情况，土地的数量以及土地的细碎化程度，由于本文选择的样本中含有东北地区，因此平均土地面积达到了 54.08 亩；资本投入，即用于种植业投入物质费用，包括种子、肥料、农药等投入费用，因为我国近年来机械化发展非常快，且对劳动力形成了有效替代，文中将机械投入单独提出。此外，文中还控制了家庭非农收入占总收入的比例，以此衡量农业收入在家庭总收入中的重要程度。我国各地区的生产差异较大，因此根据农业产区设置了地域的虚拟变量。

四、模型设计与分析

（一）模型设计

结合前人已有研究，构建以柯布-道格拉斯函数为主体的农业生产函数多元线性回归模型，模型的形式如下：

$$\theta_i = \alpha + \beta_{1i} transfer_i + \beta_{2i} labor_i + \beta_{3i} land_i + \beta_{4i} capital_i + \beta_{5i} nonagr + \beta_{6i} geography_i$$

式中，$transfer$ 代表的是农户土地流转情况的集；$labor$ 代表的是农户农业生产中劳动力投入情况的集；$land$ 代表的是农户土地投入情况的集；$capital$ 代表的是农户生产中农药、化肥、种子、机械等资本要素投入情况的集；$nonagr$ 代表的是该农户非农收入情况；$geography$ 代表的是该农户所处的地区情况。

（二）估计结果分析

模型回归后得到估计结果如表 6 所示。

首先分析土地流转情况的相关变量，反映农地转出的变量"是否土地净转出"对种植业生产总收入、种植业生产净利润、单位土地净利润和单位劳动净利润的影响不显著，即转入土地的农户与没有转入的农户无明显差异，这与前人研究结论不一致。可能的解释是，粮食主产区的流转市场较为发达，农户对农业生产的重视程度较高，农业生产的技术较为类似，农地流转具有边际产出拉平效应，农地自由流转实现了土地资源与其他生产资料的优化配置，使得原本要素资源缺乏而导致土地生产率较低的转出户，在农地流转以后剩余土地其他要素配备水平提高，土地的生产率也提高了，差距缩小了。而"是否土地净流入户"对农业种植总利润产生了在5%水平上显著负向效应，说明土地租金成本对于农户的生产成本的影响被显著提高。"是否土地净转入"与单位土地净利润之间关系为正，虽不显著，但说明转入土地的农户虽然生产成本被提高，但生产效率仍比其他类型农户要高。"是否土地净转出"与种植业生产总收入、种植业生产净利润、单位土地净利润和单位劳动净利润的关系在5%水平上显著为负，说明土地转出的农户在农业生产效率上显著低于其他类型的农户。

表6 回归模型的估计结果

变 量	种植业生产总收入	种植业生产净利润	农业种植总利润	单位土地净利润	单位劳动净利润
是否土地转入户	−18 271.0	−18 972.3	−27 078.7**	11.42	−536.7
	(−1.49)	(−1.55)	(−2.04)	(0.05)	(−1.55)
是否土地转出户	−43 848.7***	−44 527.7***	−35 879.8**	178.6	−1 464.4***
	(−2.71)	(−2.76)	(−2.06)	(0.56)	(−3.22)
农业劳动力受教育情况	3 235.4*	3 220.9*	3 419.2*	44.67	110.5**
	(1.90)	(1.89)	(1.86)	(1.34)	(2.30)
农业劳动力年龄	9.382	22.83	23.68	3.886	−10.40
	(0.02)	(0.04)	(0.04)	(0.39)	(−0.72)
农业劳动工日	−14.16	−14.78	−16.85	−0.434	−2.129***
	(−0.75)	(−0.79)	(−0.83)	(−1.18)	(−4.01)
农户家庭当年经营土地总数	118.4*	101.4	−47.77	−0.297	−15.38***
	(1.66)	(1.43)	(−0.62)	(−0.21)	(−7.65)
土地块数	50.55	90.00	152.0	−12.10	−13.16
	(0.09)	(0.16)	(0.25)	(−1.12)	(−0.85)
粮食作物播种比例	−61 675.3***	−62 550.3***	−60 739.1***	−4 299.0***	−1 462.7***
	(−3.23)	(−3.29)	(−2.95)	(−11.50)	(−2.72)
农业生产总投入	4.064***	3.020***	2.337***	0.00 204	0.0 514***
	(23.15)	(17.25)	(12.33)	(0.59)	(10.39)
农业机械投入额	9.344***	8.590***	8.050***	0.00 332	0.323***
	(12.32)	(11.36)	(9.83)	(0.22)	(15.11)
非农收入占总收入的比例	−3 856.5	−3 988.2	−4 517.0	−79.65	−186.0
	(−0.86)	(−0.90)	(−0.94)	(−0.91)	(−1.48)
是否为长江中下游地区	2 665.2	3 438.7	−4 958.6	−73.08	−476.8
	(0.20)	(0.25)	(−0.34)	(−0.27)	(−1.24)
是否为黄淮海地区	−17 892.9	−16 783.1	−22 389.5*	−3.612	−855.0**
	(−1.43)	(−1.35)	(−1.66)	(−0.01)	(−2.43)
常数项	39 917.6	39 258.4	47 212.7	4 658.5***	2 209.6**
	(1.01)	(0.99)	(1.10)	(6.01)	(1.98)

（续）

变　量	种植业生产 总收入	种植业生产 净利润	农业种植 总利润	单位土地 净利润	单位劳动 净利润
R^2	0.87	0.82	0.69	0.32	0.65
N	363	363	363	363	363

注：括号内为 t 统计值；＊、＊＊、＊＊＊表示显著水平，＊表示在10％水平上显著，即 $p<0.1$；＊＊表示在5％水平上显著，即 $p<0.05$，＊＊＊表示在1％水平上显著，即 $p<0.01$。

接着分析农业生产要素的投入对农业生产效率的影响。劳动力方面，劳动力的受教育水平与农业生产效率之间均显著正相关，说明随着农业劳动力受教育水平的提高，农业生产效率不断提高；劳动力年龄对生产效率的影响为正，但并不显著，可能的解释是劳动力年龄对生产效率的影响是双向的，一方面是因为劳动力年龄的增加使农户的生产经验更为丰富、生产效率更高，另一方面是因为劳动力年龄的增加会使其体力更差、生产效率下降；农业劳动力的工作时间对农业生产效率的影响为负，且对单位劳动净利润的影响在1％的水平显著为负，说明随着农业劳动力成本的提升，劳动力的边际收益在快速下降，需要新的技术来实现对农业劳动力的替代。土地投入方面，土地投入对种植业生产总收入的影响为正，但对单位劳动净利润的影响为负，可能的解释为农地规模的扩大能够增加农户的总收入，但土地的生产效率和劳动力的生产效率都在下降。资本投入方面，农业物资投入和机械投入对农业生产效率的影响均显著为正，说明农业生产新技术的应用，有利于农业生产效率的提升。从地区虚拟变量来看，黄淮海地区农地流转市场发展不完善、交易成本高，阻碍了农地流转规模扩大，同时也影响了农业生产效率的提高。

以上分析发现，在我国三大粮食主产区，农地流转行为对土地生产率的影响不同。农地流转虽然使转入户的生产成本提高，但单位土地生产率高于其他农户，而土地转出农户的生产效率则显著低于其他农户。此外，农地流转市场发育程度的高低也对农户的生产效率有影响，农地流转最少的黄淮海地区的土地生产率显著低于其他地区，因此，农地流转行为效果的发挥依赖于当地农地流转市场的发育程度，发育程度高可以改善其效果的发挥，带来土地生产率的提高。而在投入要素中，劳动力投入数量对土地生产率具有显著负向作用，而劳动力受教育水平对土地生产率具有显著正向作用，这说明随着劳动力成本的提高，农业生产越来越需要高质量的劳动力。家庭实际耕种的土地面积对农业生产效率影响不一致，说明随着土地规模的扩大，农业生产效率并不会一直提高。而亩均资本投入对农业生产效率则为显著正向影响，说明资本投入越多，土地生产率越高。

五、结论与建议

在我国粮食主产区，农地流转与土地生产效率的关系是怎样的呢？本文基于已有研究，实证检验了农地流转对土地生产率的影响。研究发现，农地流转是有利于土地生产效率提高的，但行为效果的发挥依赖于农地流转市场的发育程度，发育程度高，农地流转将明显地促进土地生产率的提高。因此，为提高土地生产率，需要促进农地流转市场的发育。

在农业生产中，过多劳动力数量的投入，只会降低农业生产效率，而高质量的劳动力则会显著提高农业生产效率，因此，在发展现代农业过程中，政府应依托城乡一体化建设，建立农民向市民转变的长效机制，通过逐步减少农村人口来减少农业生产效率较低的兼业化经营，另一方面要注意提升农业劳动力尤其是在家务农劳动力的质量。未来我国农业和农村经济能否获得持续、稳定的发展，也正取决于是否有知识型青年农民加入农业生产领域。因此，应加强农业人力资本投入，尤其是对留守劳动力的人力资本投资。此外，农业技术的应用，尤其是农业机械化，对于农业生产效率的提高是显著的，因此，政府应该加强对农业的科技投入、推广力度，建设完善的农业服务体系（如农业机械服务体系），促进农户采用新品种和新技术，提高农户的生产效率。

参考文献

陈训波，武康平，贺炎林，2011. 农地流转对农户生产率的影响——基于 DEA 方法的实证分析 [J]. 农业技术经济（8）：65-71.

陈园园，安祥生，凌日萍，2015. 土地流转对农民生产效率的影响分析——以晋西北地区为例 [J]. 干旱区资源与环境，29（3）：45-49.

韩德军，朱道林，2014. 西南山区典型农村土地流转与经营模式转变实证研究 [J]. 农村经济（5）：43-48.

何秀荣，2016. 关于我国农业经营规模的思考 [J]. 农业经济问题（9）：4-15.

贺振华，2006. 农户外出、土地流转与土地配置效率 [J]. 复旦学报：社会科学版（4）：95-103.

贾贵浩，2014. 城镇化进程中粮食安全问题及对策 [J]. 宏观经济管理（8）：61-63.

孔祥智，2016. 中国农村土地制度：形成、演变与完善 [J]. 中国特色社会主义研究（4）：16-22.

李谷成，冯中朝，范丽霞，2010. 小农户真的更加具有效率吗？来自湖北省的经验证据 [J]. 经济学（季刊），9（1）：99-128.

刘涛，曲福田，金晶，等，2008. 土地细碎化、土地流转对农户土地利用效率的影响 [J]. 资源科学，30（10）：1511-1516.

宋戈，吴次芳，王杨，2006. 城镇化发展与耕地保护关系研究 [J]. 农业经济问题（1）：64-67.

宋伟，2006. 农地流转的效率与供求分析 [J]. 农村经济（4）：34-38.

王建英，陈志钢，黄祖辉，等，2015. 转型时期土地生产率与农户经营规模关系再考察 [J]. 管理世界（9）：65-81.

王珺鑫，2015. 黄淮海粮食主产区农户经营行为研究 [D]. 泰安：山东农业大学.

姚洋，2000. 中国农地制度：一个分析框架 [J]. 中国社会科学（2）：54-65.

张迪，张凤荣，安萍莉，等，2004. 中国现阶段后备耕地资源经济供给能力分析 [J]. 资源科学，26(5)：46-52.

钟晓兰，李江涛，冯艳芬，等，2013. 农户认知视角下广东省农村土地流转意愿与流转行为研究 [J]. 资源科学，35（10）：2082-2093.

朱建军，郭霞，常向阳，2011. 农地流转对土地生产率影响的对比分析 [J]. 农业技术经济（4）：78-84.

Assun O J J, Braido L H B, 2007. Testing Household-Specific Explanations for the Inverse Productivity Relationship [J]. American Journal of Agricultural Economics, 89（4）：980-990.

Benjamin D, 1995. Can unobserved land quality explain the inverse productivity relationship? [J]. Journal of Development Economics, 46（1）：51-84.

Deininger K, Jin S, 2005. The potential of land rental markets in the process of economic development: Evidence from China [J]. Journal of Development Economics, 78（1）：241-270.

Lamb R L, 2001. Inverse productivity: land quality, labor markets, and measurement error [J]. Journal of Development Economics, 71（1）：71-95.

Lin J Y, 1992. Rural Reforms and Agricultural Growth in China [J]. The American Economic Review, 82(1)：34-51.

第二部分

产业发展与政府支持

"授之以鱼，不如授之以渔"

——政府支持合作社的效能边界及其方式优化研究[①]

许建明　孟庆国

（清华大学公共管理学院）

摘　要：我国政府运用财政补助等方式积极扶持农民合作社发展，同时，我国农村存在严重的金融抑制。本文运用一个现金先行模型发现，当合作社社员面临现金约束时，那么，政府的财政补助不仅产生财富效应，而且还有提供流动性服务的价值。我们通过模型参数校准方法，以中国农村的一般利率20%，推算出一个代表性农户的主观贴现率是5/6。我们进而得到，财政补贴对于社员的财富效应与流动性服务价值的比值为5。根据这一数值，我们进而测量发展农村金融对于农户的福利意义。考虑到米塞斯（1947）警告，政府的过多财政补助可能会使合作社蜕变成为一个特权组织，进而伤害市场经济的平等原则。政府对农民合作社的财政补助只能是很有限的，因此，放松金融抑制，发展农村金融，缓解现金约束，对于我国农户的意义更大。

关键词：金融抑制　现金先行模型　流动性服务价值　参数校准方法　米塞斯警告

一、引　言

中国既是一个发展中的人口大国，又是一个社会主义国家。作为一个人口大国，农业对于中国具有特别的意义。"农业是唯一生产食品的部门。没有钢或煤，或者没有电，人类仍能生存，但是绝对不能没有粮食。大多数制成品实际上都有替代品，但粮食却无可替代。"（吉利斯、波金斯、罗默等，1998）"其他经济部门的出现、存在和发展，都离不开农业的支持。可以毫不夸张地说，人类自身的历史，也正是农业发展的历史。"（姚洋，2013）在我们一般印象里，发展中国家与发达国家之间的差距主要是在制造业和服务业领域的生产效率和科学技术的应用上。其实，发展中国家与发达国家之间的差距并不仅仅在制造业和服务业领域，在农业领域，二者之间存在着更大的差距。最富的5%的国家的人均收入是最穷的5%

① 许建明：清华大学公共管理学院/中国农村研究院，地址：北京市海淀区清华园1号清华大学公共管理学院301室，邮编：100084，电话：15011326658，电子信箱：xujianming@ mail. tsinghua. edu. cn, zm3809@ sina. com；孟庆国：清华大学公共管理学院，地址：北京市海淀区清华园1号清华大学公共管理学院，邮编：100084，电话：13801037336，电子信箱：meng@ tsinghua. edu. cn。本文的研究得到了国家社会科学基金一般项目（编号：16BJL050）、中国博士后科学基金（编号：2016M590075）与国家自然科学基金面上项目（编号：71673047）的资助，在此表示衷心感谢！同时感谢李文溥教授、冯兴元教授、苑鹏教授、党国英教授、邓衡山副教授、谢攀副教授、刘鼎铭教授、杨继国教授、万婷婷博士后、李超博士后等师友对本文的评论与建议。本文在中国社会科学院经济研究所主办的中国特色社会主义政治经济学论坛第十八届年会上交流，感谢与会学者的批评与建议！

的国家的人均收入的34倍，而在农业生产率上的差距尤其大，最富的5%的国家的农业人均产值是最穷的5%的国家的农业人均产值的78倍，与之相对的是，非农业领域中，最富的5%的国家的人均产值是最穷的5%的国家的人均产值的5倍（Restuccia、Yang、Zhu，2008）。因此，对于作为发展中国家的中国而言，实现传统农业经济向现代农业经济转型，与实现工业化，具有同等重大的意义。作为一个社会主义国家，中国还要实现共富的目标，这是社会主义的本质要求。因此，如何实现农民增收与缩小城乡差距，都是政府面对的重要课题，"全面建成小康社会最艰巨、最繁重的任务在农村"[①]。

在发达国家中，农民合作社在农业和农村发展中发挥着举足轻重的作用。而我国目前农业的现代转型面临着"小农户与大市场的矛盾"。从传统农业到现代农业转型的过程，也是一个农民组织化程度不断提高的过程。关于哪一种农业经营方式——是企业，还是以家庭经营为基础的合作社——更有利于促进农业现代化与农民增收，一直是学术界争论的一个热点（许建明、李文溥，2015；许建明、王燕武、李文溥，2015）。因此，1996年3月八届人大四次会议通过《中华人民共和国国民经济和社会发展"九五"计划和2010年远景目标纲要》，提出"发展联结农户与市场的中介组织"，在引导农民进入市场的过程中，向农民进行生产性服务、流通性服务以及金融性服务。2004年起连续多年发布的中央1号文件都强调了发展农民合作组织的必要性和重要性。其中，2016年的中央1号文件再次强调要积极培育包括农民合作社在内的新型农业经营主体，并将合作社作为建设现代农业的骨干力量。"农民合作社是带动农户进入市场的基本主体，是发展农村集体经济的新型主体，是创新农村社会管理的有效载体。"2017年5月，习近平总书记在黑龙江调研时，针对黑龙江的具体情况指出：农业合作社是发展方向。

在马克思主义政治经济学的传统中，农业经营方式一直以来就是一个经典问题。马克思在1867年《资本论》第一卷就提出，"在协作和对土地及靠劳动本身生产的生产资料的共同占有的基础上，重新建立个人所有制。"（马克思，1972）"合理的农业同资本主义制度不相容（虽然资本主义制度促进农业技术的发展），合理的农业所需要的，要么是自食其力的小农的手，要么是联合起来的生产者的控制。"（马克思，2001）列宁则将合作社的意义提高到了社会主义本身的高度。"公社、劳动组合耕种制，农民的协作社，——这就是摆脱小经济的弊病的出路，这就是振兴农业，改进农业，节省人力以及同富农、寄生虫和剥削者做斗争的手段。"（列宁，1985）[前言]他在逝世之前的1923年1月口授《论合作制》的两则短文，于同年5月26日和27日发表在《真理报》第115、第116号上，署名H.列宁。列宁总结："我们对社会主义的整个看法根本改变了"，"文明的合作社工作者的制度就是社会主义制度"（列宁，1995）[684]他认为，合作社是衡量"私人利益、私人买卖的利益与国家对这种利益的检查监督相结合的尺度"，这就解决了"过去许许多多社会主义者解决不了的难题"，所以，"在新经济政策时期，使俄国居民充分广泛而深入地合作化，这就是我们所需要的一切"（列宁，1995）[681]。"通过合作社，而且仅仅通过合作社，通过我们从前鄙视为买卖机关的合作社来建成完全的社会主义社会"（列宁，1995）[688]。而且，

① 陈锡文：《全面建成小康社会最艰巨、最繁重的任务在农村》，人民网，2013年2月1日，http：//theory. people. com. cn/n/2013/0201/c148980-20402784.html，查询日期：2016年8月22日。

他强调的是，"优秀的合作社工作者"应当是"文明的商人"，他们不是"按亚洲方式做买卖"，而是"按欧洲方式做买卖"（列宁，1995）[684]。因此，合作社作为一种农业经营方式，对于中国特色社会主义市场经济体制本身的成熟、完善具有特殊的意义。

而且，从传统农业到现代农业转型的过程，也是一个农民组织化程度不断提高的过程（韩俊，2007）。同时，农民合作社作为一个富有理念色彩的组织，作为一个为全体社员谋求利益的公共组织，必然面临"搭便车"问题，因此，其需要政府的支持。

合作社的发展壮大需要得到政府的支持，发展中国家如此，发达国家也是如此，只是程度上不同而已（张晓山，1995）。发达国家的合作社是自发产生的，国家通过立法，通过财政补贴、政策优惠以及支持合作社的教育培训等宏观调控手段来支持合作社发展（今村奈良臣，1992）。而发展中国家的合作社通常由国家发起、倡导，而且往往是直接干预合作社，甚至政府直接任命合作社的官员，干涉合作社收益分配。联合国的调查发现，"如果政府现在撤销建立合作社的立法以及支持性的机构，在大多数被调查的国家中，就可能得不到足够的支持使合作社维持下去。"（张晓山，1995），而且，合作组织的反市场性决定了其对国家扶持具有天然的倾向性，政府对农民合作组织的作用更多地体现在加强合作组织立法建设、制定经济扶持政策、提供公共物品等方面，为农民合作组织健康营造良好的外部环境，而不是过多地介入到农民合作组织的日常决策中（苑鹏，2001）。因此，有学者进一步建议，政府应当从财政补贴、税收减免、金融信贷额度和生产资料等方面给予合作社扶持（牛若峰等，2004；韩俊，2007）。

政府对合作社的支持政策，受到了奥地利学派的第二代代表人物米塞斯非常严肃的警告。米塞斯在1947年的论文《合作社运动之观察》中批评了这样一种异化的社会状态：农民合作社"只是农民组织的开展复杂的农业政策和政治活动体系中的一个工具。"（米塞斯，2007）[246]，其实质是，"为了获得增加收入的特权。"（米塞斯，2007）[252]，这里的特权是指"税收减免，廉价的政府信贷及其他特权。"（米塞斯，2007）[283]，而这种特权与市场经济的本质是相冲突的，因为"市场经济就是一种消费者的民主制"（米塞斯，2007）[252]。"授予某个特殊生产商群体以某种特权，确实可以在短期内改善这些以损害他人为代价而享有特权的人的物质状态。"（米塞斯，2007）[253]，进一步地，"这种特权对合作社越来越重要，对国民的整个产业活动和经济福利越是有害"（米塞斯，2007）[277]，最后的结果是"所有人的物质福利变坏。"（米塞斯，2007）[253]①。

关于政府对合作社的支持与干预，有使合作社沦为政府附属物、失去独立性的危险，较早为中国学者意识到。张晓山（1995，1999）认为，国家的干预对于合作组织的创建和发展会造成潜在的危险。在起步阶段之后，政府支持对于合作组织是必要的；而在合作组织的经济活动走上正常轨道之后，国家干预就应尽量弱化，合作社本身应以自力更生为基点来处理其与政府机构的关系，但现实中的政府与合作社的关系发展并不让人乐观。中国科学院中国农业政策研究中心和美国斯坦福大学国际研究所的3个农业经济学家在一篇合作的工作论文中也表达这种担心。他们通过对当时中国正在蓬勃发展的农村合作组织的全

---

① 米塞斯的《合作社运动之观察》是一篇关于合作社研究的重要文献，特别是对于合作社与政府之间关系的探讨。它应当为每一个合作社研究者注意到，但令人遗憾的是，它却被几乎所有的合作社研究者忽略。

国性大规模的社会调查，发现今后的合作社是会沦为政府控制的附属物，还是会发展出新型的政府-社团伙伴关系，还是个未知数（Shen et al.，2005）。

如今大家的一个共识是：加强政府对合作社的支持。特别是在中国进行建设、完善社会主义市场经济的背景下，如何在保持和激发合作社的独立性与自身活力的基础上，发挥"有效市场"与"有为政府"的作用，实现农民增收与共富、农业现代化的产业升级与发展，这是一个具有重要的理论意义与现实意义的课题。但是政府对合作社的财政补助到底改变的是合作社运作的哪些方面？这种改变的意义有多大？而无法改变合作社的哪些方面？这些问题少有学者研究，既然我们主张政府对合作社进行支持，那么我们就需要对以上更精细的层面有所了解。如果没有分析政府支持合作社的效能边界在哪里，那么我们主张政府对合作社的支持就显得理由不充分，因为对于政府来说，需要它支持的项目太多了，那么政府就需要做全面的权衡即一般均衡的分析方法，也就是，谋求全社会福利最大化的政府，需要更全面的信息来判断到底应该给予合作社多大支持才是合适的，这同时也意味着政府对其他项目的支持减少，因为这些项目之间在竞争政府的资源配置上处于对抗状态。政府还需要预期这些支持能带来多大的效能。这是在之前合作社研究学者所取得的研究成就之上，进一步需要深入探索的更精细层面的问题。对合作社与政府之间的关系进行了理论上的反思，这也是米塞斯对合作社的理性批判给我们在思考合作社与政府之间的关系时带来的启示。

同时，我们将政府支持合作社的措施分为两类：一是物质方面，如财政资金援助、税收减免、金融信贷配额和生产资料等（牛若峰等，2004）；二是制度建构方面，如加强合作组织立法建设、制定经济扶持政策、提供公共物品等（苑鹏，2001）。对于这两类支持措施，我们想要了解：政府对合作社的支持，应是物质方面的？还是制度建构方面的呢？怎样具体的措施，才能取得更好的成效呢？

二、财政补助对社员福利的影响机理与量化分析

现实的经济社会中，合作社社员在购买家庭消费品与生产经营的资本品时，都必须以现金进行结算。在现金约束上，具有自然经济传统的农村尤为严重。作为一个发展中国家，我国农村金融抑制现象严重（麦金农，2006）。由甘犁主持的西南财经大学中国家庭金融调查与研究中心在中国农业银行协助下进行的中国家庭金融调查发现，正规信贷的可获得性水平仅为27.6%（中国农业银行战略规划部、中国家庭金融调查与研究中心，2014），李锐和朱喜（2007）运用 biprobit 模型和 match 模型，采用 3 000 个农户的微观数据，计算出中国农户金融抑制的程度为71%。

我们将从具有现实意义的约束条件——中国农村金融抑制严重，合作社社员的经营受制于现金约束——出发，来讨论政府的财政补助将如何改善社员的生产经营与效用水平。

我们首先刻画一个典型的合作社社员的效用函数，该社员目的是通过选择消费和资产持有额度的轨迹来最大化其效用。

社员的福利问题可以写成：

$$\max \sum_{t=0}^{\infty} \beta^t u(c_t) \qquad (1)$$

式中，$0<\beta<1$，β 是主观贴现率；μ（·）是一个有界、连续可微、严格递增及严格凹型的效用函数。

假设在 t 时，政府对社员的瞬时平均财政补助 $g_{s,t}$ 是现金形式。M_{t-1} 是社员在上一期留下的，而在 t 时持有的现金额度。M_t 则是他在 t 时留给下一期的现金额度。社员在 t 时，拥有财富 w_t 和持有现金 M_{t-1}。他的消费选择受到资源和现金持有额的约束。其初始资本存量与现金水平是给定的。

社员通过调整消费和资产持有额度的轨迹来优化效用。即他在受到常规的预算约束之外，还受到现金先行的约束。社员决策的约束条件即为以下两式：

$$w_t = f(k_{t-1}) + (1+\delta)k_{t-1} + M_{t-1} + g_{s,t}(1+r_{t-1})b_{t-1} \geqslant c_t + M_t + k_t \quad (2)$$

$$c_t \leqslant M_{t-1} + g_{s,t} \quad (3)$$

式中，$w_t \equiv f(k_{t-1}) + (1-\delta)k_{t-1} + M_{t-1} + g_{s,t} + (1+r_{t-1})b_{t-1}$ 为 t 时社员拥有的总财富。它由 t 时的社员获得的收入 $f(k_{t-1})$、上一期留存下的资本存量 $(1-\delta)k_{t-1}$、现金持有量和政府资助的实际价值以及社员在 $(t-1)$ 时持有的一期债券 b_{t-1} 本息收入组成。r_{t-1} 是从 $(t-1)$ 时到 t 时的利率，δ 是实物资本的折旧率。社员以其财富来生活以及留在下一期作为资本、债券与现金。

式（2）是社员的预算约束，即每一个时期里，社员总收入等于其总花费。式（3）是现金先行约束，即社员为购买其消费品之前必须先拥有现金。

利用贝尔曼原理，得以下递归方程：

$$V(M_{t-1}, w_t) = \max_{\{c_t, M_t, b_t, k_t\}} \sum_{t=0}^{\infty} \{u(c_t) + \beta \cdot V(M_t, w_{t+1})\} \quad (4)$$

$$S.T.$$

$$w_t \geqslant c_t + M_t + k_t$$

$$c_t \leqslant M_{t-1} + g_{s,t}$$

社员通过调整 c_t、M_t、b_t、k_t 等变量，来优化其效用水平。

定义拉格朗日函数为：

$$L_{\{c_t, M_t, b_t, k_t\}} = u(c_t) + \beta \cdot V(M_t, w_{t+1}) + \lambda_t [f(k_{t-1}) + (1-\delta)k_{t-1} + M_{t-1} + g_{s,t} + (1+r_{t-1})b_{t-1} - c_t - k_t - M_t] + \eta_t [M_{t-1} + g_{s,t} - c_t] \quad (5)$$

其中，λ_t、η_t 分别为预算约束与现金约束的拉格朗日乘子[①]。

由库恩-塔克定理，得最优性条件：

$$u_c(c_t) = \lambda_t + \eta_t \quad (6)$$

$$\beta[f_k(k_t) + 1 - \delta]V_w(M_t, w_{t+1}) = \lambda_t \quad (7)$$

$$\beta(1 + r_{t-1})V_w(M_t, w_{t+1}) = \lambda_t \quad (8)$$

$$\beta V_M(M_t, w_{t+1}) + \beta V_w(M_t, w_{t+1}) = \lambda_t \quad (9)$$

由包络定理，得到预算约束与现金约束的拉格朗日乘子的经济含义：

---

① 关于拉格朗日乘子的经济含义，将在下文给出。

$$V_w(M_{t-1}, w_t) = \lambda_t \tag{10}$$

$$V_M(M_{t-1}, w_t) = \eta_t \tag{11}$$

综合以上两式，得知：λ_t 是财富的边际效用。

由式（6）可知：社员的消费边际效用等于财富边际效用价值与现金流动性服务 η_t 的价值之和。因为每个人在消费时必须以现金结算，在消费的均衡状态，消费的边际效用与消费的边际成本相等，因此，社员为消费而必须持有现金的"成本"即是消费的边际效用，等于财富边际效用加上媒介交易所必需的流动性服务的成本。

可将式（8）写作：

$$\beta(1 + r_{t+1})\lambda_{t+1} = \lambda_t \tag{12}$$

结合式（10）、式（11），式（9）可写作：

$$\lambda_t = \beta(\lambda_{t+1} + \eta_{t+1}) \tag{13}$$

当社员面临现金约束时，社员的消费等于他所持有的现金额度。这时，由于现金产生有价值的流动性服务，现金形式的政府财政补助本身的流动性服务就具有价值[1]。

由包络定理，得到财政补助的经济意义：

$$V_g(M_{t-1}, w_t) = \lambda_t + \eta_t \tag{14}$$

也就是，财政补助的现金形式发放本身所产生的价值等于消费的边际效用。

在均衡路径上，结合式（12）、式（13），得：

$$\eta = r\lambda \tag{15}$$

式（15）的含义是：在稳态路径上，现金流动性服务价值是财富边际效用价值的固定比例，该比例是长期均衡利率。

可将式（14）改写为：

$$V_g(M_{t-1}, w_t) = \lambda(1 + r) \geqslant \lambda \tag{16}$$

这时，现金形式的政府财政补助的边际效用大于其对社员的财富增量本身的意义。

在稳态路径时，由式（12）得到：

$$\beta = \frac{1}{1+r} \tag{17}$$

由式（13）得到：

$$\eta = \frac{1-\beta}{\beta}\lambda \tag{18}$$

以下我们将在均衡路径上，结合中国经济的特征性事实，来推测与农户福利水平有关的主观贴现率、财富的效用效应与流动性服务价值的数量关系。

在中国农村，农民从商业银行获得贷款的利率普遍高达 20%（段应碧，2014）[2]，$r =$

---

[1] 如果现金约束不起作用，那么由现金形式发放本身所产生的流动性服务就没有价值，即 $\eta = V_M = 0$。这就是我们在上一节中所讨论的情景。也就是，我们上一节讨论的情景可以看作这一节的一个特例。

[2] 邵海鹏：《中国扶贫基金会会长：成本高致农民贷款利率达 20%》，一财网，2014 年 8 月 20 日，http：//www. yicai. com/news/2014/08/4009857. html，上网查询时间：2016 年 4 月 1 日。西南财经大学中国家庭金融调查与研究中心的中国家庭金融调查发现，农村民间借贷利率平均为 25.7%（中国农业银行战略规划部、中国家庭金融调查与研究中心，2014）。

20%，根据式（17）得到：

$$\beta = 5/6 \tag{19}$$

由式（15）得到：

$$\eta = \frac{1}{5}\lambda \tag{20}$$

结合式（10）、式（11），式（20）的经济含义是，政府财政补助对于社员的财富效应与流动性服务价值的比值为 5∶1，或者，当社员的资产能够实现流动性的功能时，对于社员来说，这相当于其效用变化是因为增加了 1/5 的资产所带来的。也就是，财政补助对于社员的福利改进而言，相当于数额 6 倍于财政补助的社员资产实现了流动性功能所带来的效用提高。进一步地，式（15）意味着，长期均衡利率越高，财政补助所带来的现金流动性服务价值越高。

政府针对农民专业合作社的财政补助，一般是以 3 000 元作为启动合作社的办公经费；如果评上省级示范社，会获得 2 万多元的奖励；如果评上国家级示范社，会获得 5 万多元的奖励[①]。即使一个合作社非常幸运，获得了所有这些近 8 万的政府资助，相对于该合作社的社员所拥有的财产来说，是微不足道的。按照《国家级示范社评选条件》的要求："入社农户 300 户以上，带动农户 500 户以上；拥有标准化生产基地不低于 500 亩"[②]，也就是，每个农户获得了平均不到 300 元的资助，或者每亩标准化的生产基地至多获得 160 元的资助。根据式（20），政府的这一资助金额对每一个社员家庭的效用改进来说，相当于给予该农户提供不到 1 800 元的流动性贷款服务。相对于农户平均拥有 31.72 万元资产和 29.5 万元家庭财富净值的规模（中国农业银行战略规划部、中国家庭金融调查与研究中心，2014）[51]来说，这一点资助的意义是非常有限的。

三、发展农村金融，缓解现金先行约束

根据米塞斯（1947）的警告，政府的过多财政补助可能会使合作社蜕变成为一个特权组织，进而伤害市场经济的平等原则。也就是，政府对合作社的财政补助只能是很有限的。其实，米塞斯只是反对合作社谋求特权的不当行为，并不是反对合作社作为一种组织经营方式本身。"农民合作社省钱的努力，是完全正当的，只要他们不要求获得特权让其他人付出代价即可。"（米塞斯，2007）[252]。"合作社类型的商业组织只有在放弃了它今天享有的特权后，才有可能证明自己的合理性。只有在合作社有能力不靠税收减免、廉价政府信贷及其他照顾错误地维持自己的生存，合作主义才能被视为自由社会中一种做生意的正当方式。"（米塞斯，2007）[283]。

从本文第二部分的量化分析我们得知，政府财政补助的金额对于农户福利水平的改进程度，相当于该农户获得政府资助金额的 6 倍数额的贷款所带来的福利改进。从本文第一

---

① 我们分别在 2012 年、2013 年在福建 14 个县，2014 年在江苏苏州和安徽凤阳入户调研农民合作社的运行状况，发现不同的省份在对合作社的奖励和政策方面基本上没有差别。

② 《国家级示范社评选条件》来自于"中华文本库"，http://www.chinadmd.com/file/puiiopwecvvuctesa3cxxavv_1.html，查询时间：2016 年 4 月 8 日。

部分的"米塞斯批判"，我们知道，政府对合作社的扶持只能是很有限的，否则，会破坏市场经济的公平竞争环境，形成对其他企业的不公平掠夺与资源错配。也就是，由于政府的财政补助有限，使得财政补助对于合作社社员的福利改善的意义也比较有限。因此，如果仅仅依赖于财政补助，合作社成员的福利提升空间是比较有限的。

根据前文中对农户受到的现金先行约束的福利分析，我们发现，政府创造条件，放松金融抑制，培育农户的金融意识[1]，发展农村金融，缓解现金先行约束，在改进中国农户的福利水平上存在比较大的空间。

20 世纪 50 年代著名的发展经济学家讷克斯（1966）认为，资本匮乏是阻碍发展中国家经济起飞的关键因素。由于发展中国家的人均收入水平低，投资的资金供给（即储蓄）和产品需求（即消费）都不足，而限制了资本形成，使这些国家长期陷于贫困之中。讷克斯于是提出了一个著名的似乎同义反复的命题——"穷国之所以穷，就是因为它们穷"。这就是所谓"贫困的恶性循环"。而要打破这种贫困恶性循环，必须进行打破农村地区金融资源的扭曲配置，需要改善金融市场体系，提高金融资源配置效率，开展金融生态环境建设，实现资本形成，摆脱恶性循环。

中国农村正规信贷需求十分旺盛，农村家庭借贷主要用途为生产性经营和房屋购建，但农村金融抑制的程度却高达为 70.92%（李锐、朱喜，2007）。有正规借贷需求的农村家庭比例达到 19.6%，而农村家庭的正规信贷可得性为 27.6%（中国农业银行战略规划部、中国家庭金融调查与研究中心，2014）[74]。

致力于解决发展中国家贫困问题的秘鲁经济学家德·索托（2001）发现，第三世界的贫困并非源于缺乏物质财富，恰恰相反的是，这些国家积累了大量资产，但由于产权登记、确认、表述方面的困难，使得这些资产以地下财富的形式存在，这些资产，由于难于交易、难于抵押，游离在合法所有权保护之外，成为地下经济。这一部分资产从此就脱离了国家、法律的保护，使得资产无法转变为资本，使得大量财富的持有者和正常的经济活动绝缘。这些国家需要建立起一种能够创造资本的所有权制度，使资产的潜能发挥出来。完整的产权包含的一个重要内容就是资产的转让（包括抵押）权。正规所有权制度使资产容易转让，从而使其能够用于创造剩余价值。资产的潜在价值被释放出来，并转化为活跃的资本。完整的产权使得资产在转让中发挥出新的经济潜能和额外作用。这就是完整产权的效应（索托，2001）。但是，当一个产权不完整时，该资产的价值必然无法充分体现。

这对于今天中国农民解决其生产与生活中的现金约束来说是有启发的。在土地确权之后，对于农户来说，其土地权利则是一个有效的抵押品。由于土地稀缺，难以毁坏，因人口的增长而稳定升值，因此，以土地权利作为抵押，银行可以避免坏账的累积，农民则得到金融的及时服务，这是一个两全其美的选择（文贯中，2014）。根据西南财经大学中国家庭金融调查与研究中心的数据，以农村土地作为抵押来贷款，能够显著提升农户的正规信贷可得性水平，农业生产经营贷款在抵押后估计获得贷款的概率将比目前获得的贷款比

---

[1] 西南财经大学中国家庭金融调查与研究中心与中国农业银行战略规划部的《中国农村家庭金融发展报告 2014》显示，我国家庭金融知识水平远低于欧美发达国家，美国家庭的知识水平为 75.3，荷兰为 78.8，而我国家庭整体的金融知识水平只有 42.0。而且，我国城乡居民家庭金融知识水平差距巨大，农村家庭金融知识十分匮乏，城市家庭知识水平均值为 51.4，农村家庭仅为 29.4。

例增加 18.7%，工商业经营贷款在抵押后估计获得贷款的概率将比目前获得的贷款比例增加 10.6%，住房购建贷款在抵押后估计获得贷款的概率将比目前获得的贷款比率增加 20.8%（中国农业银行战略规划部、中国家庭金融调查与研究中心，2014）[92]。这些金融创新实践已经在基层探索中。比如，为了缓解贫困户抵押物不足的问题，甘肃省陇南市以农村产权为媒介，减少银行的放贷风险，盘活农村存量资产，建立了农村产权确权抵押交易服务平台。截至 2016 年 5 月底，陇南市累计已发放农村产权抵押贷款 49.38 亿元，其中，林权抵押贷款 28.03 亿元，农村承包土地经营权抵押贷款 5.28 亿元，农民住房财产权抵押贷款 16.07 亿元[①]。

四、结论与政策含义

本文运用现金先行模型来进一步研究农民合作社与政府之间的关系：当社员面临现金约束时，那么，财政补助不仅产生财富效应，而且还有提供流动性服务的价值。这样可以让我们能够更深刻理解政府对于合作社的扶持的效能在学理上的合理性与其限度。我们想通过理论模型分析和参数校准的量化结果，来获得关于政府政策对合作社效果限度的精确认识。

同时，考虑到米塞斯（1947）的警告，政府的过多财政补助可能会使合作社蜕变成为一个特权组织，进而伤害市场经济的平等原则。政府对合作社的财政补助只能是很有限的。依附于政府的合作社，往往低效，反而是财政包袱。这也是 20 世纪 50 年代的"农业合作化运动"和国有企业改革给我们留下的教训。因此，合作社发展过程不应过分强调政府主导。对于农村发展来说，合作社只是实现农民增收、农业升级和农村发展的工具（许建明，2016）。包括合作社在内的所有农业经营主体应面对平等竞争的市场环境，合作社的增收功能只有在公平竞争的环境中才能实现。给予合作社不一样的优惠政策，只会使得合作社的运营依赖于政策租金（潘劲，2011），而不是依靠自己的组织力和竞争力。

我们通过对现金先行模型的参数校准方法（Kydland、Prescott，1996），以中国农村的一般利率 20%，推算出一个代表性农户的主观贴现率是 5/6。我们进而得到政府资助对于社员的财富效应与流动性服务价值的比值为 5:1。根据这一数值，我们进而测量，发展农村金融对于农户福利的改善具有非凡的意义。因此，放松金融抑制，发展农村金融，对于农户的意义更大。政府更应该从事围绕专业合作社的金融服务等支撑性的制度建设，而这一方面是目前农民合作社运营中所缺失的。也就是，政府在支持农村发展上，不仅仅要注重"加法"（如财政支农），更要注重"减法"（如放松农村金融抑制）；不仅仅要注重资金之类的物资类支持，更要注重如现代经营金融知识之类的普及。"授之以鱼，不如授之以渔。"

参考文献

韩俊，2007. 中国农民专业合作社调查 [M]. 上海：上海远东出版社.

---

① 这是根据清华大学中国农村研究院调研队于 2016 年 8 月到甘肃省陇南市调研该市的精准扶贫方式创新所得到的资料进行整理的。

吉利斯，波金斯，罗默，等，1998. 发展经济学 [M]. 黄卫平，译. 北京：中国人民大学出版社.

今村奈良臣，1992. 世界各主要国家中的政府与农民的关系问题 [J]. 中国农村经济（10）：59-64.

李锐，朱喜，2007. 农户金融抑制及其福利损失的计量分析 [J]. 经济研究（2）：146-155.

列宁，1985. 列宁全集：第35卷 [M]. 中共中央马克思恩格斯列宁斯大林著作编译局，译. 北京：人民出版社.

列宁，1995. 列宁选集：第4卷 [M]. 中共中央马克思恩格斯列宁斯大林著作编译局，译. 北京：人民出版社.

麦金农，2006. 经济发展中的货币与资本 [M]. 李瑶，卢力平，译. 北京：中国金融出版社.

马克思，1972. 资本论：第一卷 [M] // 马克思恩格斯全集：第23卷. 中共中央马克思恩格斯列宁斯大林著作编译局，译. 北京：人民出版社.

马克思，2001. 马克思恩格斯全集：第25卷 [M]. 中共中央马克思恩格斯列宁斯大林著作编译局，译. 北京：人民出版社.

米塞斯，2007. 合作社运动之观察 [M] // 货币、方法与市场过程. 戴忠玉，刘亚平，译. 北京：新星出版社.

牛若峰，李成贵，郑有贵，等，2004. 中国的"三农问题"：回顾与展望 [M]. 北京：中国社会科学出版社.

讷克斯，1966. 不发达国家的资本形成问题 [M]. 谨斋，译. 北京：商务印书馆.

潘劲，2011. 中国农民专业合作社：数据背后的解读 [J]. 中国农村观察（6）：2-11.

德·索托，2007. 资本的秘密 [M]. 于海生，译. 北京：华夏出版社.

文贯中，2014. 吾民无地：城市化、土地制度与户籍制度的内在逻辑 [M]. 北京：东方出版社.

许建明，2016. 政府如何科学有效扶持合作社发展？[J]. 中国农民合作社（10）：11-13.

许建明，李文溥，2015. 合作社与政府：制度性建构优于物质性支持 [J]. 制度经济学研究（1）：21-40.

许建明，王燕武，李文溥，2015. 农业企业对农民收入的增益效应——来自于福建漳浦农业企业集群的"自然实验" [J]. 中国乡村研究（12）：179-197.

苑鹏，2001. 中国农村市场化进程中的农民合作组织研究 [J]. 中国社会科学（6）：63-74.

姚洋，2013. 发展经济学 [M]. 北京：北京大学出版社.

张晓山，1995. 关于发展中国家合作社的特点和问题 [M] // 载农业部农村合作经济指导司等编. 发展中的农村合作经济. 北京：中国农业出版社.

张晓山，1999. 中国发展农民合作社的实践与合作社的基本原则 [J]. 经济研究参考（75）：30-31.

中国农业银行战略规划部，中国家庭金融调查与研究中心，2014. 中国农村家庭金融发展报告（2014）[R]. 成都：西南财经大学出版社.

Kydland，Finn E，Edward C Prescott，1996. The Computational Experiment：An Econometric Tool. [J] Journal of Economic Perspectives，10（1）：69-85.

Lucas，Robert E，Jr，Nancy Stokey，1987，Money and Interest in a Cash-in-Advance Economy [J]. Econometrica，55（3）：491-514.

Restuccia，Diego，Dennis Tao Yang，et at.，2008. Agriculture and Aggregate Productivity：A Quantitative Cross-Country Analysis [J]. Journal of Monetary Economics，55（2）：234 - 250.

Shen，Minggao，Scott Rozelle et al，2005. Farmer's Professional Associations in Rural China：State Dominated or New State-Society Partnerships [R]. Working Paper，Center for Chinese Agricultural Policy，Chinese Academy of Sciences.

Walsh，Carl E，2010. Monetary Theory and Policy [M]. 3rd ed. Cambridge，Mass：MIT Press.

台资蔬菜制种企业在大陆发展
面临的问题及政策建议①

周向阳¹ 沈 辰² 赵一夫¹

(1. 中国农业科学院农业经济与发展研究所 2. 中国农业科
学院农业信息研究所)

摘 要：本文通过对台资蔬菜制种 J 企业的实地调查，详细分析了该企业在大陆发展的现状以及面临的植物疾病防控、劳动力成本上升、植物品种权保护等问题，从提高管理和工艺水平、降低成本、加强监管保护等多个角度提出了促进台资蔬菜制种企业更好更快发展的政策建议。

关键词：台资企业 蔬菜种业 植物品种权

蔬菜产业的快速发展离不开优良的种子品种支撑，蔬菜制种行业的健康发展能够促进现代科技元素有效融入蔬菜产业，从而提高蔬菜产业发展的质量和速度。有学者指出，种业对蔬菜产业发展的贡献达到 40%，但是，我国大陆蔬菜种子产业发展基础相对薄弱。企业是现代蔬菜种子产业的主体，企业发展才能带动产业发展，而企业发展需要不断科技创新。台资蔬菜制种企业凭借先进的技术和资金优势，经过多年发展，在两岸蔬菜制种领域形成独特的专业特色。本文通过对 J 公司开展实地调查、现状分析，总结了台资蔬菜制种企业的发展特点和面临的问题，以期为两岸蔬菜制种企业和种业发展提供借鉴与启迪。

一、台资蔬菜制种企业发展现状

(一)多地域从事蔬菜制种经营，大陆制种基地面积占比大

J 公司是一家以台资为主要资本构成的蔬菜制种公司，公司愿景目标在于构建稳定完整的杂交蔬菜种子供应链（supply chain）。该公司由台商于 1988 年在我国台湾创办，同年在泰国开辟制种基地。该公司于 1991 年赴祖国大陆开辟新的制种基地，2007 年后，该公司将制种基地扩大到缅甸和印度等其他国家和地区。目前，该公司制种基地面积在世界各地分布情况如下：中国制种基地面积占制种基地总面积的 60%、泰国占 25%、印度占 7%、缅甸占 3%、其他国家和地区占 5%。由于该公司生产和经营的跨国、跨地区性质，导致其在我国台湾岛内不再设立制种基地，而仅保留部分行政部门，其总部目前已迁移至

① 项目基金：中国农业科学院科技创新工程农产品市场与贸易政策团队（CAAS-ASTIP-IAED04-2016）、中央级公益性科研院所基本业务费专项"蔬菜供需均衡模型构建及展望研究"（项目编号：0052014001-1-1-7、0052015001-1-6)、国家社科基金一般项目（编号：14BJY114)。

泰国。从该公司在大陆蔬菜制种品种来看,甜椒制种基地主要分布在内蒙古赤峰,番茄和黄瓜制种基地主要分布在甘肃,西瓜制种基地主要分布在新疆。从制种基地农户经营规模来看,新疆单个农户经营规模较大,平均经营面积达到 100～150 亩,内蒙古赤峰单个农户经营规模相对较小,平均经营面积为 50～60 亩。

(二)制种专业化程度高,代工承担订单,不同基地产季相互衔接满足客户全年需求

该公司经营蔬菜制种具有如下 3 个特点:一是仅专注于茄果类蔬菜制种,不从事其他蔬菜品种制种,专业性非常高。制种行业的技术和生产特性决定了不同蔬菜作物品种的制种过程都遵循不同的技术标准和不同的生产方式,如果企业从事制种的蔬菜品种较多,必然会增加企业的技术和资金投入,推高制种的运营成本,并产生规模不经济,不利于在制种行业中保持较强的竞争力。二是该公司以代工方式进行制种。该公司经过多年发展,已经与国际上享有盛誉和影响力的大型种子研发公司或集团(例如,美国孟山都公司、亨氏公司、法国利马格兰种业集团等)建立起良好的合作关系,通常 J 公司在获得上述种子研发公司的授权、接到蔬菜制种代工订单之后才正式启动制种程序,最后收获的种子悉数销回国际种业大型公司,J 公司实际不承担蔬菜种子产品的终端销售活动,因此,J 公司在蔬菜种子市场上并不具备自己的品牌。三是该公司利用不同国家和地区制种基地种子播种与收获季节差异,错峰安排生产,实现产季互相衔接、全年常态经营。例如,辣椒制种在泰国是从 8 月开始,在我国内蒙古赤峰则是从 2 月开始,播种季节交错,稳定了种子产品产量,有利于按年度实施总产量管理,更好为客户提供制种服务。

(三)管理科学规范,种子纯度有保证

J 公司为了保证种子纯度,在蔬菜制种上采取了一系列科学的管理方式和管理手段。一是与我国本地公司联合开展经营管理业务,最大化降低制种的监督成本和管理风险。二是组织开展各个国家和地区不同制种基地之间制种技术人员的交流学习和培训,提高技术人员的制种技术水平。J 公司经常组织邀请印度、缅甸、泰国等制种基地技术人员来中国进行为期 1～2 个月的考察学习,提高技术作业水准和熟练程度,同时也选拔国内优秀技术人员赴其他国家和地区制种基地考察交流。三是加强田间管理技术创新。制种的目标就是保证最终收获的种子的纯度和质量,为此 J 公司在作物栽培、田间管理方面采取一系列新的管理模式,例如,通过使用不同颜色毛线标记不同日期人工授粉作业的植株。四是规范种子提炼生产操作过程并推动机械化水平,例如,引进色选机辅助提高种子纯度,同时也降低人工挑选成本。五是对西瓜等易患果腐病的品种采取田间分头洗种子、集中晾晒筛选、统一施用药剂纯净处理操作,避免农户分散使用药剂处理导致果腐病交叉感染现象发生。六是合理确定农户经营规模,避免规模扩大对种子质量和品种的负面影响。例如,早期内蒙古赤峰制种基地单个农户经营规模较大,平均每户经营面积超过百亩,但较大规模面临缺工现象,导致田间管理效果不理想,种子质量和品种受到明显影响。经过多年经验积累,该公司在该基地最终确定单个农户经营面积应控制在 50～60 亩的标准,达到了防止田间管理缺工现象发生的目的,有效避免了制成种子质量下降的问题。

（四）对当地农民增收致富起到积极作用

J公司有效带动制种基地及周边农民增收致富，取得良好成效。国内主要制种基地所属地区的农民年龄老化日趋明显，从事农业劳动的农民年龄段主要为40～60岁，外出务工不具备优势，更多农户希望在本地从事具有较高经济效益的种养行业，J公司给当地农民带来新的就业和增收机会。就内蒙古赤峰而言，对于当地农户来说，种植谷子每亩纯收益可达到2 000元左右，种植玉米的纯收益仅达到800元/亩，相比较而言，蔬菜制种的纯收益最高，每亩最高可达3万元（不计农民自家用工），蔬菜制种业吸引了大批当地农户参与。J公司对参加蔬菜制种的农户提供免费的技术培训和指导，在蔬菜大棚建设方面给予农户一定资金帮助，同时，J公司做好种子回购工作，正常年份基本上购回全部种子，回购价格的制定主要根据农户生产的种子质量、等级加以确定。在收成较好的年份，种子产量扩大，J公司为了保护农户利益，对农户生产的超出规定产量的部分也进行回购。经过多年发展，J公司与制种基地农户建立起良好的合作关系。

二、台资蔬菜制种企业面临的问题

（一）植物疾病给企业经营带来较大风险

蔬菜制种行业也存在技术难题，植物疾病对行业发展影响较大，危害制种行业健康发展。例如，西甜瓜种子生产容易受到果腐病的冲击。果腐病是一种种子之间互相交叉感染的植物疾病，其本质是细菌性病变，但却容易导致大面积作物传染。美国制种公司孟山都公司曾因为果腐病蒙受较大经济损失。从技术层面来看，目前科技领域尚未开发出有效的预防控制技术和措施。因此，如果该疾病泛滥，必然给制种企业带来损失。

（二）劳动力成本上涨增加企业经营负担

近年来随着城镇化和工业化步伐加快，国内农业劳动力工资水平不断攀升。由于蔬菜制种行业属于劳动密集产业，农业劳动力成本占制种总成本的比例相对较大，平均达到60%～70%。横向比较来看，中国一名制种农业劳动力成本为35～48美元/天，泰国为10美元/天，印度为3美元/天，缅甸最低，为1.0～1.5美元/天。农业劳动力成本上升增加了企业运行成本，压缩了制种企业的利润空间。但是相对于世界其他国家和地区来说，中国农业劳动力整体素质相对较好，劳动生产率非常高，这在一定程度上降低了农业劳动力成本上升产生的压力。根据J公司不完全统计，中国制种基地生产的种子可利用率高达95%，即客户不满意退货情况发生的可能性仅为5%；而泰国制种基地生产的种子可利用率达到80%，明显低于中国制种基地。从近几年发展趋势来看，J公司在国内蔬菜制种基地面积维持在既有水平，不会扩张，但不排除缩小基地面积的趋势；J公司未来在印度、缅甸等劳动力成本较低的国家和地区制种基地面积扩张的倾向更明显。

（三）生产许可证和经营许可证的分离管理导致植物品种权保护不到位

J公司蔬菜制种基地在生产过程中，引发了附近周边农民的兴趣和过度关注，出现农民私自采摘 J 公司蔬菜种子或植株的现象，对 J 公司生产经营活动产生了一定的负面影响。但根据我国现行法律，农民自繁自用制种公司种子不属于侵权行为。一般判定侵权行为要依据国际植物新品种保护公约展开调查。我国目前执行的国际植物新品种保护公约（简称"UPOV 公约"）是 1978 年文本，有专家估计，未来我国执行的国际植物新品种保护公约将向 1991 年文本过渡。一般认为，1991 年文本对植物品种权的保护力度更大，保护范围更为广泛，保护效果更加权威。但无论是 1978 年文本还是 1991 年文本的保护公约，都给予农民一定的特权，即农民自繁自用授权品种的繁殖材料，无须向权利人支付许可使用费。因为根据国际协定，农民世代将各类种子保留下来，对种质资源保护做出了积极贡献，制种公司研发培育新品种仅是对这些种质资源的二次开发，当然，农民不得将制种公司研发培育的种子进行出售，农民对种质资源只是享有自繁自用的权利。与此同时，我国目前仅对具有经营许可证的植物品种权进行保护，J 公司的生产行为属于代工性质，取得的许可证只是生产许可证，种子产品是生产过程的中间产品，没有转变为具有品牌的终端种子产品。由于生产许可证与经营许可证的分离管理，我国无法对 J 公司的权利保护诉求给予支持。

（四）制种企业分布偏远不便于行政管理部门监管

蔬菜制种企业涉及的终端种子产品具有较高的经济价值，且容易被盗取，为了增强制种的保密性，生产过程中采取了多种有效的保密方法，例如，在制种原始材料管理分配上采取保密方案等。大部分蔬菜制种企业在制种基地的选择上也采取了类似于保密的策略，即倾向于选择地理位置偏远、不宜引人注意的区域作为制种基地，这样能够有效防止种子被盗用现象的发生。但由此也带来了问题，即当地行政主管部门无法了解蔬菜制种基地的具体分布位置，当侵害蔬菜制种企业权益的现象发生时，行政主管部门难以及时展开执法查处工作，监管能力受到了明显的约束。

三、相关政策建议

（一）促进管理创新，提高田间管理和制种工艺水平

一是鼓励制种企业与育种、植物保护专家取得联系，开展沟通与交流，在专家指导下着力构建科学预防果腐病等种子传染疾病的工作机制。二是要加强农民技术培训，促使农民掌握田间规范管理的基本技能，有效预防生产阶段的错误操作带来的危害。三是改善田间管理模式，在植物疾病交叉感染容易发生的环节采取统一收获、统一清洗、统一筛选的措施，将交叉感染的风险降到最低。四是要改变药剂处理工艺，实行统一操作，避免农户分散使用药剂带来后续管理不善的风险。五是强化蔬菜种子检疫，构建易感染种子信息跟踪机制，有效管理易感染种子的状态和去向，减少最终损失。

（二）采取多种途径降低制种经营成本

一是继续加强农民技术培训。地方政府应在农业科技培训上加强投入，对已经具备一定技术技能的农民继续培训，增加培训内容的层次性，切实提高农民的综合素质，提升农

业劳动生产率，弥补农业劳动力成本上升产生的压力。二是要加强企业科技创新，对田间管理和制种管理生产环节逐步采取自动化、机械化设施，节约人工，降低生产总成本。三是在管理水平稳定提高的条件下，逐步扩大制种业经营规模，提高单位经营面积产出效益。

（三）逐步完善许可证管理，促进保护环节向制种生产阶段前移

政府部门应当对蔬菜种子的生产许可证和经营许可证两证分离情况进行专题深入调查，论证并提出生产许可证和经营许可证融合管理的实施途径，将蔬菜制种企业的植物品种权保护从经营阶段提前到生产阶段，加强生产环节代工制种企业的权利保护，防止终端植物品种权受到侵犯。随着我国《种子法》经过修订完善后，有关植物品种权保护的方向和范围方面的条款已经逐步向国际 1991 年文本靠拢。保护力度的提高，有利于增强公信力，促进蔬菜制种行业健康稳定发展。

（四）加强企业登记和宣传，强化企业植物品种权的法律保护

鼓励支持蔬菜制种企业在当地农业主管部门进行登记，对从事具体蔬菜作物品种制种的经营活动进行申报，使企业行为与企业周边环境能够纳入政府监管视野之内。鼓励蔬菜制种企业利用法律手段维护正当权益。当地政府应健全管理机制，在政策和法律框架下，对制种企业受到侵权现象及时进行跟踪调查，对产生有损植物品种权的行为严格进行行政执法检查，对侵权行为提出整改和规范，切实保护蔬菜制种企业的植物品种权。加强对农民植物品种权的宣传，引导农民合理利用具有植物品种权的蔬菜作物品种，避免农民随意出售具有植物品种权种子的行为发生，防范农民受到不必要的法律制裁。

参考文献

戴祖云，顾万昌，王雯雯，等，2015. 我国蔬菜种业企业科技创新现状、问题及对策 [J]. 中国瓜菜
　（1）：73-75.
农业部种子管理局，2013. 蔬菜产业须以种业为后盾 [J]. 现代种业（10）：46.
张永强，2011. 我国蔬菜种子产业发展对策研究 [J]. 种子世界（6）：1-3.

北方农牧交错区玉米结构调整的困境与发展策略[①]

——基于内蒙古自治区乌兰察布市的调查

刘　慧　赵一夫　周向阳　张宁宁

（中国农业科学院农业经济与发展研究所）

摘　要：本文基于 2016 年 9 月对内蒙古自治区乌兰察布市的 3 个县（市）、6 个行政村、201 个玉米种植农户的问卷调查结果分析发现，受户主年龄较大、玉米自用比例较高、替代作物收益较低的制约，农户玉米结构调整的意愿不高，同时在玉米结构调整过程中还存在着认识和宣传不到位、合作社和企业带动能力不强、扶持政策和配套措施缺乏等突出问题，建议今后通过加大政策宣传、打造杂粮品牌、扶持龙头企业、完善配套措施，引导北方农牧交错区非优势产区玉米结构调整。

关键词：玉米结构调整　困境　发展策略

一、引　言

2016 年中央 1 号文件提出"优化农业生产结构和区域布局"，其中重要的一条是适当调减非优势区玉米种植。北方农牧交错区是连接农业种植区和草原生态区的过渡地带，涉及黑龙江、吉林、辽宁、内蒙古、山西、河北、陕西、甘肃等省份，属于半干旱半湿润气候区，土地资源丰富，光热条件好，但水资源紧缺，土壤退化沙化，灾害发生频繁，其中干旱发生概率最大、危害程度最重。北方农牧交错区是玉米结构调整的重点地区，目标是到 2020 年调减籽粒玉米 3 000 万亩以上，占总调减目标的 60%。如何在综合考虑资源禀赋、区位优势、市场条件、产业基础等因素下，调减非优势产区玉米种植面积，优先发展比较优势突出的作物或产业是当前北方农牧交错区面临的重要问题。

内蒙古乌兰察布市地处内蒙古自治区中部，幅员 5.45 万千米^2，其中耕地面积占 16.7%，草原面积占 63.3%，乡村人口 146.8 万人，占总人口的 53%。2015 年农村居民人均可支配收入 7 800 元，其中第一产业净收入占可支配收入的 52.6%，第一产业净收入中 64.2% 来自于农业，35.8% 来自于牧业。玉米是乌兰察布市仅次于马铃薯的第二大粮食作物，2015 年全市玉米产量 27.05 万吨，占全自治区的 1.2%，平均亩产 193.93 千克，仅为全自治区平均水平的 44.9%；2015 年牲畜存栏头数 813.73 万头，占全自治区的

① 中国农业科学院科技创新工程项目（ASTIP-IAED-2016-04）；国家自然科学基金青年项目"基于全产业链视角的欠发达地区杂粮生产综合效益评价研究"（编号：71403273）；清华大学中国农村研究院 2016 年研究课题"粮食价格与收储补贴改革研究"（编号：CIRS2016-7）的阶段性成果。

59.9%[①]。乌兰察布市所辖的 11 个旗县市区全部处于我国北方农牧交错带，属典型的中温带半干旱大陆性季风气候，平均气温在 0～6℃，全年日照时数为 2 800～3 300 小时，年降水量在 150～500 毫米，年蒸发量大部分地区在 1 740～3 000 毫米。旱灾是乌兰察布市的主要自然灾害之一，轻旱灾以上的频率为 85%，即"十年九旱"；中旱灾以上的频率为 65%，即"三年两旱"；重旱灾的频率为 33%，即"三年一大旱"。内蒙古乌兰察布市的区位特点和农业生产现状对于分析北方农牧交错区玉米结构调整情况具有较强的代表性。

二、相关文献简述

农业结构的形成受宏观经济环境的制约和农业比较效益、农民收入预期的影响。对农业结构进行调整，不仅需要采取有效的宏观调控措施，而且也要探索和建立一种有效的经营机制，引导和带动农业结构调整，以不断促进农业结构优化（尹成杰，2001）。2004 年以来，我国粮食连年增产，如果把粮食生产看作一个整体，粮食平均单产提高是增产的主要来源之一，其中，各粮食作物内部种植结构比例的变化，即利用不同粮食作物平均单产水平存在的差异，通过高产作物对低产作物的种植替代，也可以在各粮食作物自身单产水平不变的情况下实现粮食总体加权平均单产的提高（朱晶等，2013）。

当前，我国粮食供求总量平衡，但结构性矛盾日益突出。受国内消费需求增长放缓、替代产品进口冲击等因素影响，当前玉米供大于求，库存大幅增加，种植效益降低。根据玉米供求状况和生产发展实际，亟须进一步优化种植结构和区域布局，提升农业的效益和可持续发展能力（农业部，2015）。农业供给侧结构性改革是为了提高农业生产的综合效率和农业产品的竞争力，其中的一条重要措施就是必须使市场决定价格的机制起作用，玉米市场价格由供求决定后，东北地区种植玉米的农民调整了种植面积以适应玉米价格。目前，国内的玉米产量与需求基本保持一致，同时国内的玉米价格与国际玉米价格基本持平，从而也就减少了进口量（陈锡文，2016）。2016 年玉米临时收储政策改革为生产者补贴制度，政策的变化对于玉米结构调整能起的作用有多大？有研究表明种植业总产值仅在相关政策出台的年份步入"快速增长区制"，并在次年滑落至"中速增长区制"的短暂"过渡期"，最终长期稳定于"低速增长区制"（隋建利等，2016）。

由于 2016 年是玉米临时收储政策改革的第一年，国内玉米市场价格下跌幅度较大，玉米结构调整的背景和对单个农户的影响程度与以往都不同，因此，有必要通过样本数据对北方农牧交错区玉米结构调整的进展情况进行分析。

三、调查样本及特征

（一）数据来源

本文的数据来自于课题组 2016 年 9 月对内蒙古自治区乌兰察布市的 3 个县（市）、6 个

---

① 数据来源于《2015 年内蒙古国民经济和社会发展统计公报》。

行政村、201 个玉米种植农户的问卷调查。采用随机抽样的方法、采取问卷调查和与基层干部访谈相结合的调研方式，共发放村问卷 7 份，其中有效问卷 6 份；农户问卷 220 份，其中有效问卷 201 份，问卷有效率 91.4%。样本农户分布情况及有效样本比例见表 1。

表 1　样本农户分布情况及有效样本比例

市	县（市）	样本农户数（户）	有效样本数（户）	有效样本比例（%）
乌兰察布市	丰镇市	59	59	100
	凉城县	106	96	90.6
	兴和县	55	46	83.6
合计		220	201	91.4

（二）样本基本特征

玉米种植农户调查问卷内容包括家庭基本情况、土地经营情况、农产品和畜产品生产和销售情况、家庭收入情况、家庭支出情况、玉米生产与销售情况、对玉米结构调整的看法和建议 7 个部分。从农户调查问卷的情况看，农户户主平均年龄 59 岁，其中 60 岁以上的户主占比为 56.2%；农户户主文化程度为初中及初中以上的占比为 54.7%；农户家庭平均从事农业的劳动力为 1.5 个，内蒙古自治区的玉米种植农户在翻地、耕地、播种、收获等环节基本实现了机械化，农忙时一般都会雇佣农机作业；农户户均耕地面积为 32.2 亩①；约 41.8% 的农户有耕地转入行为，转入的耕地主要来源是向本村或邻村村民租赁，也有小部分是无偿耕种亲戚朋友外出打工闲置的耕地（表 2）。

表 2　样本农户的基本统计特征

县（市）	户主平均年龄（岁）	户主文化程度（%）	家庭中从事农业的劳动力（个）	户均耕地面积（亩）
丰镇市	58	81.4	1.2	72.5
凉城县	58	55.2	1.8	18.6
兴和县	60	19.6	1.4	8.8
平均	59	54.7	1.5	32.2

注：家庭从事农业的劳动力指实际从事农业活动的家庭成员，部分成员年龄超过 60 周岁。
数据来源：实地调研。

四、乌兰察布市玉米结构调整进展情况

内蒙古自治区印发了《内蒙古玉米种植结构调整实施意见（2016—2020 年）》，提出力争到 2020 年，全区玉米优势区域集中度达到 90% 以上，调减籽粒玉米种植面积 1 000 万亩，其中，压减籽粒玉米 500 万亩，转籽粒玉米为青贮玉米 500 万亩。调整方向为积极

① 户均耕地面积指实际耕种的土地面积，包括向集体承包的耕地、租赁本村或邻村村民的耕地、无偿耕种亲戚朋友的耕地、自己开荒的耕地。

发展青贮玉米,适当发展鲜食玉米,恢复玉米大豆轮作、玉米小麦套种,鼓励杂粮杂豆种植。乌兰察布市计划到 2020 年调减籽粒玉米 20 万亩,增加青贮玉米 30 万亩。2016 年乌兰察布市籽粒玉米实际种植面积 90.6 万亩,较 2015 年减少 56 万亩,青贮玉米 40 万亩,较 2015 年增加 10 万亩①。其中凉城县籽粒玉米实际种植面积 26 万亩,较 2015 年减少 10.5 万亩,青贮玉米 4.5 万亩,较 2015 年增加 1.6 万亩,甜玉米 1.5 万亩,较 2015 年减少 0.5 万亩;兴和县籽粒玉米和青贮玉米实际种植面积 16 万亩,较 2015 年减少 4 万亩。

乌兰察布市通过全膜双垄沟播等技术的推广,在凉城县、丰镇市、兴和县水热条件较好的区域提升普通玉米产能和品质。2016 年丰镇市玉米全膜覆盖种植面积达 6.4 万亩,在官屯堡、元山子、黑土台、南城办事处各安排示范带 1 万亩,示范带内最大集中连片示范片达到 5 100 亩;通过筛选和推广脱水快、抗逆性强、穗位一致的宜机收的品种和蛋白含量高、活秆成熟、适合整株青贮的玉米品种,在兴和县、凉城县、丰镇市等的农牧交错带和养殖聚集区转籽粒玉米为青贮玉米。

从村调查情况看,6 个样本村中只有兴和县店子镇西湾村 2014—2016 年籽粒玉米种植面积保持不变,其他村都呈减少趋势,其中 2016 年较 2015 年减少幅度较大(表 3)。进一步分析,籽粒玉米种植面积的变化和牲畜存栏的变化方向一致,以养殖数量最多的羊为例②,丰镇市官屯堡乡孟家营村羊的存栏由 2015 年的 3 800 只减少到 2016 年的 2 200 只,籽粒玉米的种植面积也相应减少了 30%;兴和县店子镇西湾村羊的存栏 2014—2016 年均保持在 100 只左右,籽粒玉米的种植面积也维持在 800 亩左右③。

表 3 2014—2016 年样本村玉米种植面积

县(市)	乡(镇)	村	籽粒玉米种植面积(亩)		
			2014 年	2015 年	2016 年
丰镇市	三义泉	三义泉	150	150	120
	官屯堡	孟家营	4 700	5 000	3 500
	麦胡图	胜利	5 000	5 000	4 000
凉城县	六苏木	南方子	4 800	4 500	4 345
	永兴	永兴	2 000	1 500	1 200
兴和县	店子	西湾	800	800	800

数据来源:实地调研。

从农户调查问卷的情况看,83.8% 的农户表示 2017 年还计划种玉米,其中 25.2% 的农户表示种植面积将比 2016 年减少,60.7% 的农户表示种植面积将和 2016 年一样多。农户调整意愿不强主要有以下几方面的原因:一是户主年龄较大。55 岁以上户主占比为 88.1%,他们已经习惯于种植玉米,接受新技术、新品种存在一定困难,积极性不高;二是玉米自用比例较高。68.6% 的农户种植玉米的目的是自用(喂牲畜、交换大米白面)④

---

① 本文中的数据如无特殊说明均为调查中基层农牧业部门提供。

② 所有样本村中,猪基本自己食用,其他牲畜(牛、羊)数量与羊相比数量很少。

③ 事实上,2014—2016 兴和县店子镇西湾村主要的牲畜羊、牛、驴存栏基本保持不变。

④ 按重要性排序的结果。

或部分自用（出售、交换大米白面、喂牲畜），他们对市场价格变化不敏感，玉米种植面积的多少主要取决于畜产品市场价格的变化而导致的养殖规模的变化，种植青贮玉米又受自然条件和存储设施的制约；三是替代作物效益较低。118 位回答了"如果 2017 年不种玉米了，打算种什么作物？"的玉米种植农户中，78％的农户选择种植杂粮[①]。认为主要障碍一是缺水导致的产量低，以兴和县店子镇西湾村为例，谷子、黍子、黄豆的平均亩产分别仅为 150 千克、100 千克、40 千克。二是销售存在一定困难，有农户反映杂粮收获后没有上门收购的小贩，产量不大自己拉到集市出售又费时费力。

五、北方农牧交错区玉米结构调整的困境

（一）认识和宣传不到位

从基层干部的角度讲，被访谈的县（市）农牧业部门干部都知道玉米临时收储政策，通过上级政府的宣传也都知道 2016 年玉米临时收储政策改革为生产者补贴制度和《农业部关于"镰刀湾"地区玉米结构调整的指导意见》（以下简称《意见》），但是普遍心存疑虑、不敢冒险、害怕承担市场价格下跌风险；被访谈的 6 位村干部中[②]，只有 1 位知道《意见》，获取信息的来源是通过政府的电视电台广播。从农户的角度讲，94.5％被调查的玉米种植农户不知道玉米临时收储政策、2016 年玉米临时收储政策改革为生产者补贴制度和《意见》，获取信息的来源依次是政府的电视电台广播、政府工作人员的讲解、政府的宣传材料、听邻居/亲戚/朋友说的。知道《意见》的农户 100％都认为这项政策好，原因主要是种植玉米效益减少，调整结构后预期可以增加收入。

（二）企业和合作社带动能力不强

79.3％的被调查农户认为当地的土质和种植技术适合种植杂粮、花生、葵花等耐旱型作物，但是普遍担心大规模种植后市场价格下跌，销售困难，部分农户反映 2015 年种植的谷子还在家里放着，没人来收购。水资源条件较好的地区，农户认为改种大棚蔬菜、西瓜等经济作物效益也不错，但是这类作物上市期集中在 1～2 个月，面临的最大问题仍然是市场销售问题。农民们期盼发展订单农业、规避市场风险。调研中了解到，现有的企业和合作社规模偏小，受资金、技术等方面的制约，不能带动多数农户玉米结构调整。截至 2015 年年末，乌兰察布市有 1 家国家级农牧业产业化重点龙头企业，25 家自治区级农牧业产业化重点龙头企业，其中只有 4 家涉及马铃薯生产和经营，其他杂粮品种、花生、葵花都没有涉及[③]。调研中了解到，凉城县佳鑫万寿菊销售有限公司订单种植万寿菊，农户亩均收入 2 000 元左右，主要受资金的制约，2016 年南房子村、永新村万寿菊种植面积分别为 150 亩、100 亩，分别仅占本村耕地面积的 1.2％、1.4％[④]。

---

① 包括其他谷物类、食用豆类和薯类。
② 村干部包括村会计、村长、村支书、村妇女主任等。
③ 乌兰察布市国家级农牧业产业化重点龙头（内蒙古民丰薯业有限公司）、自治区级农牧业产业化重点龙头企业（内蒙古嘉恒农业科技有限责任公司、内蒙古兴和县兴隆食品有限责任公司、商都县绿娃农业科技有限责任公司）。
④ 据了解，这两个村除了万寿菊没有其他订单农业。

（三）扶持政策和配套措施缺乏

从基础设施条件来看，北方农牧交错区农田灌溉基础设施依然薄弱，水资源短缺是农业生产面临的最大制约因素。被调查的玉米种植农户实际耕种的耕地面积中 64％是旱地，旱地完全是雨养；水浇地主要依靠打井灌溉，6 个样本村中，只有麦胡图镇的胜利村有江河湖泊水，其他村都是打深井灌溉，农民灌溉需要支付电费或柴油费，部分农户为了节约成本减少了灌溉次数或根本就不灌溉。杂粮一般都抗旱、耐瘠薄，在这些地区有种植基础，是玉米结构调整较理想的替代作物。然而杂粮普遍产量偏低，近几年价格也不稳定，国家层面没有相应的扶持政策，农民想种植又顾虑重重。调研中了解到，凉城县永兴乡 2014 年实施了向贫困户免费提供薄膜的扶持政策，永新村当年谷子种植面积达到 1 300 亩，亩产达到 250 千克，2015 年取消了这项政策，谷子种植面积减少到 1 000 亩，亩产也只有 150 千克，2016 年继续减少到 650 亩。

六、推进北方农牧交错区玉米结构调整的发展策略

（一）加大政策宣传引导玉米结构调整

北方农牧交错区农户获取信息的主要来源依然是政府的政策宣传，基层干部承担着政策宣传的主要责任。2016 年取消玉米临时收储政策，同时在东北和内蒙古建立生产者补贴制度，玉米的价格由市场供求决定。在这个背景下，非优势产区玉米结构调整是促进这些地区玉米种植者收入的重要举措之一。然而，由于 2016 年是生产者补贴制度实施的第一年，农民对政策普遍缺乏了解，甚至部分农民依然认为未来国家还会托底收购，玉米价格只是暂时下跌。建议地方政府通过电视电台广播、印发相关宣传材料，有条件的地方也可以利用网络，特别是基层政府工作人员要利用各种培训机会向农民讲解政策内容，让农民尽快了解玉米生产者补贴制度的内涵，增强市场意识，积极引导玉米结构调整。

（二）打造杂粮品牌带动玉米结构调整

杂粮在农牧交错区玉米结构调整、轮作倒茬、土壤培肥等方面具有优势，也曾是这些地区的主要粮食作物，生产优势明显，这些地区的农户一般用旱地种植杂粮，基本不施农药化肥，杂粮品质很高，但却遭遇卖不上好价钱甚至卖不出去的尴尬，缺乏品牌效应是主要原因之一。乌兰察布市所产的荞麦、燕麦、大麦、谷子等杂粮一直都是国内外紧俏产品，乌兰察布马铃薯已于 2013 年获地理标志证明商标，"田也"杂粮品牌也获得内蒙古名牌产品的称号。建议以已有的杂粮品牌为重点，通过建设标准化生产示范基地，开发建设杂粮物联网（溯源）服务平台，申请一批农产品地理标志和国家地理标志保护产品，通过省（自治区、直辖市）级名优农产品交易会、中国国际农产品交易会等平台打造一批享誉国内外的杂粮品牌，带动玉米结构调整。

（三）扶持龙头企业参与玉米结构调整

农业产业化经营对当地农户收入的增长总体上具有积极的影响，而中国农业龙头企业

与农户间的合作为解决农业大规模生产与人多地少之间的矛盾、促进农业产业化提供了很好的途径。国家重点龙头企业的规模和实力较大，对农户的带动能力较强，因此与国家重点龙头企业合作的农户，其收入增加和能力提高更明显。建议一方面大力培育新型经营主体，重点是培育种养大户、家庭农场、农民合作社等，发挥其在规模化、标准化、机械化等方面的示范带动作用。另一方面，以国家和省级农业产业化重点龙头企业为重点，扶持一批规模大、水平高的杂粮等替代作物的加工龙头企业，增强企业带动农户能力，引导加工企业与种养大户、家庭农场、农民合作社建立产销协作关系，推进订单生产、产销衔接、加工转化，助力结构调整和产业转型升级，实现杂粮等替代作物产业化经营。

（四）完善配套措施支持玉米结构调整

玉米结构调整是一项长期的任务，必须统筹谋划，搞好规划引导，有力有序推进。从国家层面讲，要加强顶层设计，所在省份农业部门应成立结构调整的组织领导机构，要结合本地实际，制订可行的结构调整方案，明确调整方向和重点。要加强农村水利基础设施、高标准农田、农村电网升级改造等基础设施建设；从玉米种植者角度讲，结构调整过程中通常面临着信息、技术、资金等主要问题。信息问题要通过不断完善"三农"信息服务的组织体系和工作体系，实现信息进村入户工程及12316"三农"综合信息服务基本覆盖。技术问题要通过加快选育青贮玉米专用品种、高蛋白大豆品种，培育替代种植的高产优质的杂粮饲草等品种。改进完善种植制度、栽培方式和配套机具，集成配套籽粒改青贮、玉米改饲草、玉米改杂粮、玉米改大豆等不同种植模式等。资金问题除了利用好国家财政支持资金，还要通过加强与各类金融机构的协作，积极创新农业金融产品和服务，引导和激励金融资金参与农业结构调整。

参考文献

关于印发《内蒙古玉米结构调整实施意见》的通知 [EB/OL]. 内蒙古自治区农牧业厅.
　[2016-04-22]. http：//www. nmagri. gov. cn/zxq/xztz/556770. shtml.
郭建宇，2008. 农业产业化的农户增收效应分析——以山西省为例 [J]. 中国农村经济 (11)：8-17.
农业部关于"镰刀弯"地区玉米结构调整的指导意见 [EB/OL]. 中华人民共和国农业部. [2015-11-02]. http：//www. moa. gov. cn/govpublic/ZZYGLS/201511/t20151102_4885037. htm.
隋建利，蔡琪瑶，2016. 中国农业经济周期的路径演化识别——改革开放以来的实践与经验 [J]. 中国农村经济 (9)：30-43.
乌兰察布史-乌兰察布市行政区划演变与自然环境概况 [EB/OL]. 乌兰察布市文化研究促进会.
　[2013-06-20]. http：//www. wlcbpop. gov. cn/information/whyjcjh789/msg117793949192. html.
尹成杰，2001. 农业产业化经营与农业结构调整 [J]. 中国农村经济 (5)：4-8.
朱晶，李天祥，林大燕，等，2013. "九连增"后的思考：粮食内部结构调整的贡献及未来潜力分析 [J]. 农业经济问题 (11)：36-43.

第三部分

农村金融与市场价格

北京市"银会合作"模式研究[①]

王 兰 李 华 白艳娟 丁 卉

(北京农学院经管学院)

摘 要：科技和金融的结合，是推动科技创新的客观必然。对于农业发展来说，科技和资本是其发展的不可或缺的两个方面，把二者有机结合起来，是破解都市型现代农业发展难题的必然选择。通过对新常态下首都都市型现代农业建设新形势的把握，根据北京科技服务和农村发展实际，探索农业科技服务与农村金融相结合的模式。通过在北京地区进行的"银会合作"需求调研，总结了农业科技服务性组织中"银会合作"模式，通过对模式的分析，发现了"银会合作"模式发展过程中的相关问题并提出了相对的解决对策。

关键词：北京市 "银会合作" 发展模式

一、北京地区"银会合作"需求调研

"银会合作"工作是农业科技服务与农村金融结合的具体体现。在调研中发现，一方面，北京郊区农村地区需要农业科技服务支撑，但目前的农业科技服务依然难以满足农村地区的需要。另一方面，农村金融发展不完善也制约了农业科技服务工作的实施，从而影响了农业科技创新水平的提升。本部分分析以"银会合作"作为北京农业科技服务和农村金融结合的具体模式，以农民专业合作社、基层农技协、农户、农业企业以及农业科技人员为分析主体，探析北京地区"银会合作"工作推进中的需求及障碍因素。在需求分析中既从宏观层面北京地区"银会合作"的需求，也从微观层面分析了北京地区"银会合作"的需求。

(一)北京地区"银会合作"宏观需求分析

我国经济发展已经步入新常态，北京都市型现代农业发展也进入新常态阶段。

在北京经济的发展以及京津冀协同发展战略下，迫切需要都市型现代农业更好地服务于北京市经济的发展，并高端辐射其他地区农业发展。在这一背景下，2015年1月北京市委发布了《关于调结构转方式发展高效节水农业的意见》，该意见成为首都都市型现代农业发展的指导性文件。同时在该文件中还强调，"为了保障《意见》贯彻落实，要充分发挥科技对现代农业的引领、支撑、保障和带动作用"。2015年8月，农业部下发了《关

① 基金项目：家禽产业技术体系北京市创新团队（BAIC04-2016）、北京市农委菜篮子工程项目专项。
作者简介：李华（1962—），男，浙江嵊县人，硕士，教授，硕士生导师，研究方向为农业投资与金融、家禽经济与品牌，E-mail：lihuaa1962@126.com。王兰（1992—），女，天津人，硕士，主要研究方向为农村金融，E-mail：450297148@qq.com。

于深化农业科技体制机制改革加快实施创新驱动发展战略的意见》。农业科技创新不管是对于国家农业发展还是对于首都都市型现代农业崛起，都具有极其重要的战略作用。

然而，科技创新需要多方主体共同参与，特别是科技和金融的结合，是推动科技创新的客观必然。对于农业发展来说，科技和资本是其发展的不可或缺的两个方面，把二者有机结合起来，是破解都市型现代农业发展难题的必然选择。

（二）北京地区"银会合作"微观需求分析

本部分分析数据来源于北京地区调研问卷。在北京地区调研中，10 个郊区县共发放调研问卷 1 200 份，有效回收问卷 896 份。根据研究的需要，此次调研的对象主要有农民专业合作社、基层农业技术协会、农户、农业企业以及农业科技人员。本部分北京地区农业科技服务微观需求以及下一部分障碍因素探析也是基于以下主体：农民专业合作社、基层农业技术协会、农户、农业企业以及农业科技人员进行分析。

1. 北京地区农业科技服务需求分析

农业科技服务体系是连接科技与经济的载体和纽带，是科学技术向现实生产力转化的桥梁，能够促进农业科学技术的发展，实现科研成果的转化。调研中发现，大部分调研对象都对北京农业科技服务能够推动农业科技创新持肯定态度。如图 1 所示，对于基层农技协，86％的受访者认为农业科技服务能够推动农业科技创新，认为不能或者态度不确定的占比都为 7％。可见基层农业技术协会对于农业科技服务推动农业科技创新持肯定意见。如图 2 所示，92％的农户认为农业科技对于促进农业生产具有积极作用，进而需要农业科技服务的扶持。

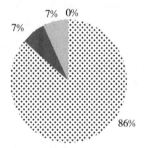

图 1　基层农业技术协会对农业科技服务态度
注：根据调研数据绘制。

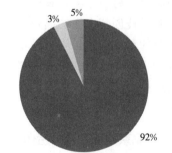

图 2　农户农业科技服务态度
注：根据调研数据绘制。

2. 农业科技服务的服务效果分析

北京农业科技服务对农业的发展起到了一定作用和成效。如图 3 所示，在合作社发展中，农业科技服务发挥的作用主要有推广农业技术、承担主体与客体双重角色、农业科技成果转化、提供农业技术等。如图 4 所示，农业科技服务的成效主要是提高了农业科技水平、增加了农民收入、培育了新型农民、增强了农产品的市场竞争力、促进了土地规模化经营。

农业科技服务体系的建设和发展对于北京郊区农村的发展起到了重要作用。北京都市型现代农业的进一步发展仍然需要农业科技服务体系大力支撑，也需要农业科技服务体系

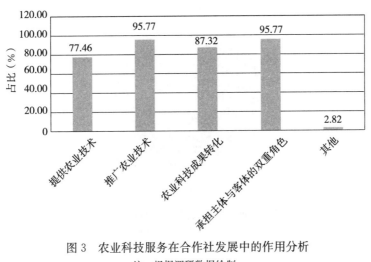

图3 农业科技服务在合作社发展中的作用分析

注：根据调研数据绘制。

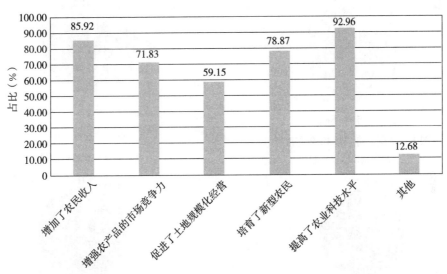

图4 农业合作社农业科技服务成效

注：根据调研数据绘制。

进一步发展。在调研中发现，对于农业科技服务的现状很满意的只占12%，比较满意和一般满意的占43%和35%。农业科技服务体系建设仍然难以贴近服务对象的需求，仍需要提升和完善。

3. 资金缺口分析

资金缺乏会影响服务质量。如图5所示的农技推广中存在资金缺口的合作社达到91.55%。有资金缺口，就需要农村金融扶持，农业科技服务中金融需求巨大。事实上，不仅是农业合作社，基层农业技术协会、农户、农业企业和农业科技人员都一致认为农业科技服务或者农业科技创新中需要农村金融的扶持，对于农业科技服务是否需要农村金融的扶持见图6、图7。对于农业科技创新中是否需要农村金融的扶持见图8、图9。

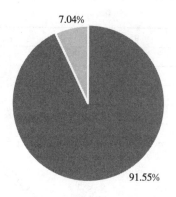

图 5 农业合作社农技推广中资金缺口分析

注：根据调研数据绘制。

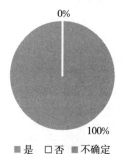

图 6 基层农业技术协会态度

注：根据调研数据绘制。

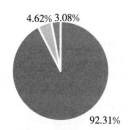

图 7 农户态度

注：根据调研数据绘制。

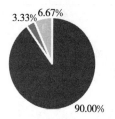

图 8 农业企业态度

注：根据调研数据绘制。

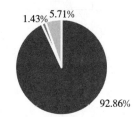

图 9 农业科技人员态度

注：根据调研数据绘制。

农业科技服务中的金融需求，为"银会合作"的开展提供了机遇。农业科技服务中的资金问题若能解决，科技与金融相互促进，为破解都市型现代农业发展的难题提供了解决方法。

二、农业科技服务性组织中"银会合作"模式

（一）"银会合作"模式划分

1. "银行＋企业＋农户"贷款授信合作模式

随着全球经济一体化以及国内市场经济制度的发展，我国中小企业有了越来越多的发

展机遇，但是在中小企业的生产经营过程之中，资金的紧缺仍然是发展的关键问题。从理论来看，中小企业的融资方式类型多样，可以选择如债券发行、股权融资、融资租赁等方式。

但是在实践过程中，银行凭借其网点分布众多，融资程序方便快捷等自身的优势，仍然是中小企业融资的首要选择。从银行角度来看，在我国资本市场不断繁荣的背景之下，大企业融资方式的选择具有多样化，不再单纯地依靠银行来解决资金融通的问题。随着外资金融机构的不断涌进，我国金融市场的竞争十分激烈，大企业对金融市场份额的争夺成本也随之升高。与之形成对比的是，正在发展起来的中小企业银行业务前景广阔，各家银行把关注点逐渐转移了过来。在这种形势下，"银行＋企业＋农户"贷款授信合作模式（图10），对缓解中小企业融资的困难以及促进银行业务的拓展，都有很大的好处。

中国农业银行依托永业科技服务站与永业公司进行合作，向农户推出了提供信用担保的"银行＋企业＋农户"贷款授信合作模式，这种模式得到了广泛的好评及肯定。

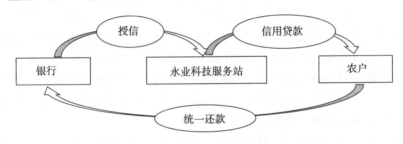

图10　银企农户贷款授信合作模式

注：根据相关资料绘制。

永业科技服务站的优势在于紧紧围绕在农户身边，除了为农户提供优质放心的农产品及专业的农业技术指导之外，还了解到了农户在申请小额贷款过程中遇到的实际困难，永业科技服务站正在建立起一个农民综合的服务系统，其主要解决的问题就是农民在生产经营过程中"买难卖难"的问题，从源头防治农民受骗以及受害，让农民可以采购到放心、优质、有保障的农资产品，同时永业科技服务站还会提供相关的市场信息，帮助农民解决销售问题。

永业科技服务站与中国农业银行展开相关合作，运行机制是建立永业科技服务站，让科技服务站成为银行机构及农户之间的桥梁与纽带，也作为一个担保机构而存在，为农户提供贷款的信用担保工作。永业公司与中国农业银行联合开展的"银行＋企业＋农户"贷款合作模式，可以有效解决农户在申请贷款过程中存在的风险大、无抵押、信用低等实际问题，中国农业银行通过永业科技服务站为农户发卡授信，在科技服务站安装终端POS机，农户在采购自身所需要的农资产品时运用贷款，在粮食丰收后，由科技服务站统一组织进行还款，这一举措，有效地解决了农户小额贷款的使用问题。永业公司依托科技服务站的渠道优势，和中国农业银行进行金融合作，服务"三农"，是一种帮助农户脱贫致富的有效探索之一。

截至2017年3月，永业公司已经和中国农业银行、国家开发银行、光大银行等多家金融单位进行相关合作，不断尝试农户贷款授信业务，为广大农户提供资金解决方案。

2.“银行＋政府”合作模式

"银行＋政府"模式是指金融机构，如银行等，根据国家的相关经济、产业、区域发展政策，利用金融机构本身存在的一些优势，如资金、信息、人才等，本着协商自愿、互利互惠的原则，目的在于通过为地方政府提供长期稳定有保障的金融服务和发挥相应的信贷支持，并且从中受益的一种业务拓展方式。

"政府增信"是指政府通过政策性担保公司、风险补偿基金、保险公司和财政直补资金担保等方式，为商业银行对农户、农民专业合作社、个体工商户（含小微企业主）、小微企业等特定对象发放贷款提供担保或风险补偿进行"增信"的行为。长期以来，担保难一直是制约商业银行服务"三农"和小微企业发展的瓶颈问题，引入"政府增信"机制是新时期金融机构按照商业可持续原则支持"三农"和小微企业的有效方式，有利于发挥财政资金对金融资金的引导和撬动效能，缓解"三农"和小微企业贷款难、贷款贵。

3.“银行＋担保公司”合作模式

"银行＋担保公司"主要是指银行和保险公司开展合作，银行利用其便利的融资渠道为保险公司代理相关的保险业务，这种模式可以为银行业与保险业开辟新的市场，提高利润率。对比其他的合作模式，"银行＋担保公司"有3个突出的特性：一是银行巩固了客户的忠诚度，增加了业务的收入；二是保险公司可以扩大产品的销售量，降低销售渠道建设的经营成本；三是对于广大的客户而言，可以享受到便捷安全的"一站式"服务，客户通过这种合作模式得到保险资本相融合的产物。

（1）中国工商银行的"银保"合作模式。自从2008年国务院同意银行投资保险公司开始，近年来，"银行＋担保公司"合作模式发展十分迅速，工商银行的"银行＋担保公司"合作模式包括了代理保险业务以及股权合作模式，工商银行通过股权合作模式先后拥有了中国太平3.1％股权，太平洋财险12.45％股权以及国外一些金融保险公司的股权，典型的例子如友邦保险。截至2016年，与工商银行合作的保险公司达到近60余家。2010年10月，工商银行与五矿集团、法国安盛签订股权交易协议，收购了金盛人寿股权的60％，从此金盛人寿正式更名为"工行安盛人寿保险有限公司"。

工商银行是国内最早开展"银行＋担保公司"合作模式的商业银行，在早期发展阶段，由于我国法律实行分业监管，大多数的"银行＋担保公司"合作模式还只是滞留在初级协议代理的阶段，工商银行通过工银亚洲这个金融控股的平台与保险公司形成股权关系，从而慢慢转向保险行业。工商银行通过转让重组以及股份转让等方式，成为了太平洋保险的第三大股东。从工商银行的"银行＋担保公司"合作模式来分析，工商银行慢慢地从早期的银行保险代理模式到股权合作模式，且目前工商银行的"银行＋担保公司"合作模式的主要发展方向也是股权合作。根据国内"银行＋担保公司"合作模式发展形势来看，工商银行算是典型的代表。

（2）中国建设银行的"银保"合作模式。建设银行代理保险业务主要是由于内外部各种有利因素的影响。截至2016年年底，建设银行代理保险业务居四大行的第三位，占比为27.57％，除了银行代理协议模式以外，建设银行也开始尝试股权合作模式的"银行＋担保公司"合作模式。2011年6月，中国保监会正式批复建信人寿保险公司成立，这标志着我国"银保"混业经营得到了国家的许可。

建信人寿很好地利用了建设银行丰富的技术、人才资源以及网络系统技术，以建设银行作为依托，不断地开发着适合客户的保险产品。银行保险产品是建信人寿的主要经营品种，在营销渠道的建设、网络铺设等方面与传统的保险公司相比较，很大程度上节约了成本，在经营过程中也节省了大量的人力资源成本，利用建设银行自身的客户资源以及渠道资源的优势，使保险产品的竞争优势得到了提升，也有利于建设银行综合经营优势的提升，实现"双赢"的局面，促进了双方协同发展。

（3）中国农业银行的"银保"合作模式。农业银行进入保险业所选择的收购对象是嘉禾人寿保险股份有限公司。分析农业银行与嘉禾人寿签署的并购协议，农业银行花费25.9亿元认购了嘉禾人寿的51%股份，成为了嘉禾人寿的控股股东。目前国内范围中，农行与嘉禾人寿的并购是最大的银行并购保险公司的案例。和其他银行选择的并购对象有些差异，农业银行选择的嘉禾人寿是一家中资的人寿保险公司。这样做的竞争优势有两点，一是对于国内保险市场的熟悉程度较深，二是更具有本土化的特性。

目前，"银行＋担保公司"合作模式已经成为商业银行进一步发展的必然趋势，各大银行都在加紧对非银行金融业务投入的力度，但是，虽然各个银行的参股目标不尽相同，但是基本都采取"大银行＋小保险"的模式，相对于大型保险公司结构复杂、评估程序烦琐，中小型的保险公司的业务规模较小，银行参股比较容易。

（4）平安的"银保"合作模式。平安集团是由保险业务起步，逐渐发展成一家知名的金融控股公司。从2003年开始，平安集团就在策划向金融控股集团方向开始慢慢转型。2004年，平安银行开创了"银行＋担保公司"合作模式的先河。2010年，平安集团投114.5亿元对深发银行进行了收购，这一投资，使得平安集团成为一家真正的金融控股集团，也为"银保合作"做出了巨大的贡献。

平安集团利用雄厚的资产及高密度的渠道网点，真正地实现了"银保"的多渠道整合，既有银行代理模式，又有股权合作模式，从收购至今的发展情况来看，该合作取得了良好的协同效应。

4. 首都创新券

创新券主要是用于鼓励北京市小微企业以及创业团队可以对国家级、市级重点实验室、工程技术研究中心、创新设计中心的资源进行充分的利用，积极开展研发、科技创新等相关活动。创新券由政府发放，创新团队、小微企业向高校、科研院所购买科研活动时进行使用，收取了创新券的单位到指定的相应部门进行兑换。

范围是对其与首都科技条件平台开放实验室围绕科技创新等活动开展的合作研发、技术解决、委托开发等科研活动给予资助，只支持科技创新、创业而开展起来的科研活动，按照法律规定等或者具有强制性的强检等商业活动不给予相关资助。

方式包括事前预立项、事后补助两种。创新券采用网络认证的模式，从计划、申请、审核、发放、评估、使用、兑现、监管等全部流程均通过网络化信息系统进行管理。每张券限额5 000元，每家企业每年最高补贴不超过20万元（40张）。创新券可全年随时申请，每年可多次申领，多次使用，可用于不同的实验室，均需在使用有效期内使用，先到先得，逾期自动作废，在当年已经签署合同，但当年专项资金已经用完，超出当年专项经费总额部分，滚动纳入下一年进行支持，电子卷示意见图11。

绑定状态：正式绑定

面值：5,000元

编号：20151111869530

周期(年度)：2015

生成时间：2015-05-25 11:27

过期时间：2015-11-01 23:59

所属推荐机构：北

图 11　电子券示意

注：https://www.cxq-bj.cn/.

　　（1）建设银行——"首都科技创新券"专属融资产品。产品介绍："创新券"融资是指建设银行为在北京市科委"首都科技创新券"平台上取得过创新券的小微企业发放的，用于短期生产经营周转及技术研发的可循环的人民币贷款业务。助力科技型小微企业发展，解决双创期融资难问题。适用对象：在北京市科委取得过"创新券"并经国家工商行政机关核准登记的小企业客户。贷款额度最高50万元，贷款期限最长1年，可随借随还，循环使用。担保方式由担保机构提供担保。产品的优势在于企业在北京市科委取得的"创新券"情况为基础发放的贷款，办理手续快速便捷。

　　（2）北京银行——"创业一路通"金融服务产品。公司的定位：①新一代信息技术；②软件开发；③高端制造业；④节能环保；⑤生物医药；⑥新材料、新能源；⑦新型农业。所具备的基本条件：企业不存在不良信用记录，实际控制人个人征信上近2年不超过6笔逾期记录，且每笔逾期时间不超过1个月；企业所在孵化器出具推荐函或已申请到科委"创新券"。授信额度为基础额度20万元，最高额度不超过50万元信用贷款。公司纳税规范最高可给予200万元的信用额度，企业如能提供房产抵押，还可以增加额度，总体额度最高不超过500万元。处于成长期的科技型中小企业；企业本年销售收入同比增长率不低于20％或利润增长率不低于10％；授信额度：信用额度最高500万元。全年随时申请，按照管理办法要求，随时受理，同时将相关证明材料扫描后上传；外籍法人或外资控股企业无法申请。小微企业和创业团队需有真实的"创新券"需求，并且在接收"创新券"的559家实验室（需具有接收"创新券"的资格）中有合作意向的实验室。

　　在此基础上，再申请"创新券"；企业信息表中的企业经营状况应与上报的财务表数据一致，企业项目信息表中的合同预期额度应与申请的"创新券"额度相符；企业提供的财务报表应加盖事务所章或者公司财务公章，小微企业和创业团队联系实验室时，建议首先与服务开放实验室的专业服务机构联系，实验室联系介绍中留的是专业服务机构联系方式。

三、"银会合作"发展对策

（一）理顺工作机制

首先，建立领导小组和专家团。明确"银会合作"的领导小组成员单位，设立办公室，成立专家团；明确"银会合作"工作和审批流程，建立三方认可的评估指标标准和评估专家。

其次，理顺工作机制。一方面可以借助"银会合作"的开展，把北京地区基层农业技术协会发展壮大。明确北京市科学技术协会、北京农业技术协会以及邮储银行在"银会合作"中的功能和定位，三方各司其职，也应该加强交流沟通协作，共建共享，共同推动"银会合作"工作开展。科学技术协会应该总领统筹，建立健全规章制度，在邮储银行和农业技术协会所属会员、基地、带头人之间找准契合点，整合双方有效资源。邮储银行利用合作平台，主动对接，加强调研。各区县支行可主动与科学技术协会以及农业技术协会对接，获取各行业的具体融资需求等信息，为农业技术协会所属会员提供融资、理财、汇兑、转账、代发工资等全方位金融服务。农业技术协会要规范自身发展，建立健全工作制度，规范运行管理，根据本地实际，做好行业发展规划，对发展过程中所需资金缺口额度做好风险评估。

（二）尽快建立信用评估体系

贷款风险控制问题仍然是"银会合作"工作中的重要部分。所以要尽快建立信用评估体系，一方面农业技术协会可以利用信用评估体系筛选重点会员单位，推荐给银行，银行建立自身客户资源群，建立客户信贷系统信息数据库，有针对性地开展合作。另一方面，利用信用评估体系解决贷款风险控制问题。农业技术协会利用信用评估体系向银行推荐客户，是第一层级降低风险，在贷款后，利用信用评估体系及时研判行业风险，及时加强贷款使用的跟踪和控制，严控贷款风险，维护好信用体系建设。

（三）优化金融产品与服务

银会双方通力合作，打造具有北京特色的有全国示范效应的特色金融创新产品。要明确"银会合作"的具体产品和产品线，并引入政府财政资金做引导，具体可在农业技术协会下边成立互助基金，以配合具体贷款产品的创新。在此过程中可扩大媒体宣传、加强财政资金奖励、互助基金引导等。

（四）增强政策支持

由北京市科学技术协会牵头，联合市农委、市园林绿化局和市水务局等对"三农"的财政支持的现有政策进行普及宣传、联合指导、协助办理；另外向市政府、市财政争取政策支持，从市科学技术协会的科普惠农经费中划拨一部分"以奖代补"给予贴息，一部分建立信贷风险补偿金，有效化解"三农"融资贵，抵押物不足融资难的问题并开展好农村科普工作。

（五）加强相关政策学习

"银会合作"是党和政府解决"三农"问题的重要举措和生动实践，需要区县和乡镇科学技术协会和邮储银行支行对"银会合作"政治意义的重视。

通过召开全市"银会合作"工作现场推进会，邀请中国科学技术协会、市政府、市科学技术协会（农业技术协会）、北京分行领导及区县和乡镇的科学技术协会（农业技术协会）及邮储银行区县支行的主要负责领导参加；进一步加强对"银会合作"的相关文件的学习和相关领导讲话内容的学习。通过学习，一是认清形势，滤清思路，二是市科学技术协会（农业技术协会）和邮储银行北京分行建立市、区县、乡镇和村的激励、评比和考核机制，三是各区县科学技术协会（农业技术协会）和区县邮储银行支行，根据市科学技术协会和邮储银行北京分行的《实施方案》制定本区域的实施细则、流程和工作计划。

参考文献

杨勇，2011. 广东科技金融发展模式初探［J］. 科技管理与研究（10）：31-34.

吴凡，2010. 天津：科技金融新模式，成果转化大进程［J］. 华东科技（7）：52.

辜胜阻，王敏，2012. 利用金融创新推动农业技术创新的战略思考［J］. 中国科技论坛（8）：28-31，48.

刘少玲，2012. 我国农村金融创新研究［D］. 长沙：中南林业科技大学.

农产品金融化对玉米价格波动的
传导机制及效应研究

——基于 ARDL 模型[①]

吴海霞[1] 葛 岩[2] 史恒通[1] 李 鹏[1]

(1. 陕西师范大学国际商学院 2. 中央财经大学财政学院)

摘 要: 传统观点认为,粮食价格波动是市场供求、宏观政策及粮食自身属性等因素共同作用的结果,但近年来其解释力备受争议。在我国粮食供求格局未发生根本改变的情况下,粮价剧烈波动,其中重要的推动力量为粮食日益增强的金融属性。本文基于粮食金融化视角,基于 2004 年 9 月至 2016 年 2 月各变量的月度数据,通过构建玉米价格波动的金融化驱动体系,利用 ARDL 模型遴选出玉米价格波动显著的金融化影响因素。实证结果表明:期货市场、国际石油价格和人民币兑美元的汇率是影响玉米现货价格波动最显著的力量,同时敏感性检验也验证了这一结论的稳健性。玉米价格形成机制的新变化使得调控玉米市场及价格不仅要关注玉米供给和需求的变化,还要强化对期货市场和汇率市场的监管。

关键字: 玉米 金融因素 传导效应 ARDL 模型

一、引 言

2006 年以来,中国粮食持续增产,但主要粮食价格大幅上涨,年均增长率甚至突破历史极值。而 2014 年 9 月到 2015 年年底,主要粮食价格却一路下行,跌至 2010 年中期水平。以玉米市场为例,根据万得资讯中国宏观经济数据库提供的统计数据测算,2006—2015 年,我国玉米供需形势基本稳定,产需差值占产量的平均变动幅度为 6.49%,但玉

① 基金项目:本文系国家自然科学基金青年基金项目"金融因素对玉米价格波动的传导机制及预测效果研究:基于粮食金融化视角"(项目编号:71603153);陕西省社科基金重点项目"供给侧改革背景下陕西玉米全产业链价值融合及增值创新模式研究"(编号:2016D003);陕西师范大学中央高校基本科研业务经费专项资金项目"汽油价格对原油价格波动的短期与长期非对称性响应研究"(项目编号:15SZYB18);陕西省软科学项目"陕西农业碳排放演化机理及减排策略研究"(项目编号:2015KRM064)阶段性成果。本文参加 2016 年中国农经济管理学术年会并做大会主题发言,感谢国务院发展研究中心程国强研究员和德国哥廷根大学于晓华教授给予的宝贵修改意见。

吴海霞(1984—)女,山东潍坊人,陕西师范大学国际商学院讲师,主要研究方向:农业经济。
葛岩(1985—)男,北京市人,中央财经大学财政学院讲师,主要研究方向:计量经济学和时间序列分析。
史恒通(1987—)男,吉林临江人,陕西师范大学国际商学院讲师,主要研究方向:资源经济与环境管理。
李鹏(1987—),男,山东泰安人,陕西师范大学国际商学院讲师,主要研究方向:资源与环境经济。
葛岩为本文通信作者。

米价格平均波动幅度为 10.68%，这引起学术界及政策制定者的高度关注（翟雪玲等，2013；Etienne，2015）。研究发现，在我国粮食供求格局并未发生根本转变的情况下，粮食价格剧烈波动，其中不容忽视的推动力量为粮食日益增强的金融属性，即粮食成为资本市场上各种金融产品的挂钩商品，其价格波动受金融市场影响显著（苏应蓉，2011；辛毅等，2015；祁华清等，2015）。

随着金融化因素在粮食市场影响力的深化，粮食在资本市场上的消费属性逐渐弱化，金融属性日渐凸显，除自身供给和需求因素的影响外，玉米价格形成机制更多地受到金融发展和金融深化的制约。资本追逐粮食期货及相关市场引发非传统投机因素推动粮食价格波动，成为决定粮食现货和预期价格越来越重要的因素。金融因素、能源因素对国际粮价波动的解释程度高达 98.08%，成为影响粮食价格的主要方面，粮食价格越是剧烈波动就越与供求无关（温铁军，2014）。

国家统计局《2014 中国统计年鉴》相关数据显示，2013 年中国玉米产量达 2.11 亿吨，首次超过稻谷和小麦成为第一大粮食作物，同时玉米也是重要的饲料作物和工业加工原料，金融化对我国玉米市场影响深远。由于缺乏英美等国对金融市场完善的监管，大量金融资本进入玉米期货市场，放大了现货市场的价格波动程度，扭曲了玉米价格形成机制，使得玉米价格形成机制具有强大的杠杆效应和新闻效应，只要价格上涨或下降一点就会造成暴涨或暴跌而给整个市场带来巨大影响，导致均衡的供求关系异常扭曲。我国是世界第二大玉米生产国和消费国，金融化导致玉米金融属性远大于其商品属性，以玉米为原材料的相关产业随玉米价格剧烈波动，玉米价格一旦大幅下跌必然会引起市场的恐慌甚至崩溃，并可能诱发类似"荷兰郁金香事件"的效应。

由此引发了学术界对玉米价格波动驱动因素及其效应的探讨。现有文献发现，极端天气、经济增长、人口膨胀以及不合理的农业政策等是玉米价格波动的根本原因（钟甫宁，2011；Gilbert，2010），但其解释力日渐受到质疑，金融化驱动因素影响凸显（Isakson，2015；高春华，2015）。玉米价格形成机制的新变化，加大了玉米产业领域的行为主体预期玉米价格走势的难度，也对政府出台具有针对性的玉米产业政策形成挑战。我国作为玉米生产及消费大国，除传统供求因素外，玉米金融化驱动因素及传导机理如何？在金融化因素驱动情境中，考虑金融市场驱动力量是否有助于提高玉米价格波动的预测精度？本文将基于粮食金融化背景，研究金融因素对玉米价格波动的传导机制及效果，探索就降低金融化对玉米价格波动的冲击效应，具有重要的理论及现实意义；以玉米市场为例，按照理论分析与实证分析相结合的思路，提出防范、规避金融因素对我国玉米安全影响的理论依据及对策，对完善玉米贸易政策及玉米产业发展政策、市场管制方案，具有重要的参考价值。

二、文献综述

2015 年中央 1 号文件把粮食安全置于农村工作的首位，而粮食价格稳定是粮食安全的焦点，我国粮食安全与经济增长、社会稳定紧密相关，其重要性日益凸显。为此，本文从传统视角、金融化视角，对粮食价格波动驱动力量及预测效应的相关文献进行梳理。

传统驱动视角的粮食价格波动研究。传统观点认为，粮食价格波动是市场供求因素、政策因素和粮食自身属性共同作用的结果（钟甫宁，2011；Gilbert，2010）。①需求拉动效应。Carter 等（2011）研究认为，来自全球范围内发展中国家的收入增长和人口增长大大抬升了粮食价格。随着人均收入的增加，消费水平的提升及消费结构的变化增加了他们的粮食消费。如日益多样化了肉类消费，增加了粮食需求。②成本推动效应。Headley 和 Fan（2008）及 Gilbert（2010）通过实证检验发现，生产投入要素价格的上涨是粮食价格飞涨的主要推动力量。③宏观政策效应。吴海霞和霍学喜（2014）、李光泗和郑毓盛（2014）、詹琳和蒋和平（2015）认为，政府粮食价格补贴制度可以稳定粮食价格。卢锋和谢亚（2008）认为粮食市场化改革是影响我国粮价短中期走势的主要力量。④天气因素。Abbott 等（2008）、Leheck（2013）认为，农作物生长对自然条件的依赖性较强，某些年份极端天气的出现是导致粮食价格短期剧烈波动的直接因素。

金融化驱动视角的粮食价格波动研究。随着金融化对粮食价格的影响愈加深入，学术界开始关注粮食金融化研究主题。Cotula（2009）和 Isakson（2015）等从不同视角，就金融化对粮食价格的影响进行分析。Clapp 和 Eric（2012）及 Isakson（2015）研究发现，由于粮食生产具有不可预测性，未来价格的不确定性加大了现货市场上生产者和消费者的交易风险，而期货市场的对冲和套期保值功能使得粮食期货和现货市场联系紧密，价格互动密切。翟雪玲等（2013）利用 2002 年第 1 季度到 2011 年第 1 季度的白糖、棉花、大豆、马氏 K 指数、国际石油价格、气候变化因素、城镇居民家庭人均可支配收入以及国际食品价格季度数据和 VEC 模型实证发现，货币流动性过剩和生物质能源发展对中国农产品价格产生显著影响，该结论与钟甫宁（2009）、周明磊和任荣明（2011）研究相一致。高春华（2015）认为，贸易一体化加快国内外实体经济的融合，为国内外投资资金进入国内粮食市场创造盈利空间。

粮食价格预测机制研究。若金融化因素对粮食价格波动影响显著，且影响幅度较大，则来自金融市场的信息将有助于提高粮食市场价格波动的预测精度。基于上述理论设想，诸多学者做了尝试性探索。基于协整分析和格兰杰因果分析发现股票价格与农产品价格波动紧密相关，且加入股票价格变量，有助于提高农产品价格的预测精度（Stoll、Whaley，2010；Lehecka，2013）；但也有研究表明，加入单一股票市场的波动难以对农产品价格波动进行有效的预测（Sanders、Irwin，2011；Etienne，Irwin、Garcia，2012；Hamilton、Wu，2015）。造成上述两个不尽相同结论的原因是由于格兰杰因果分析难以将农产品市场结构纳入考虑。因此，有些学者尝试利用结构模型或简化模型估计预期对农产品价格波动的影响，并利用金融市场的预期理论对农产品价格波动进行预测，但预测结果并不一致（McPhail、Du、Muhammad，2012；Bruno、Büyüksahin、Robe，2013；Carter et al.，2013；Baumeister、Kilian，2014；Etienne，2015）。国内关于金融市场对农产品价格波动的预测效果关注较少。周明磊和任荣明（2011）分析认为今后 10 年将会是生物燃料对粮食价格冲击最大的时期。未来十几年，玉米价格仍将维持高位，据最乐观的估计，玉米价格也要到 2026 年才回落到 2006 年左右时的价格。

应对粮食金融化政策选择研究。面对愈演愈烈的粮食金融化，学术界在国家粮食政策选择方面提出了不同的建议。Stoll 和 Whaley（2010）、Mensi 等（2013）、Magnan（2015）研究发现，稳定农产品价格，构建合理的农产品期货合约是关键。黄先明（2012）

认为农产品期货市场有助于规避农产品现货市场在购买和交割方面的风险,因此在农产品交易中发挥着重要作用。裴少锋和刘晓露(2014)则认为农产品金融衍生品、农产品企业股权公开化、金融索取权的高流动性等是农产品金融化的集中体现,建立与国际市场接轨且完善的金融市场是应对农产品金融化的必经之路,而增强我国在国际农产品金融市场的定价话语权是其中的重中之重。温铁军(2014)认为在国际金融资本低成本扩张的局面下,中国农产品市场面临"市场失灵+政府失灵"的困境,以综合性农民合作组织和城乡互助的参与式农业是分散农产品金融化风险的有效手段。

综上所述,学术界就粮食价格波动的驱动力量、影响及政策建议的研究较为丰富,驱动力量方面主要集中在供需、天气、宏观政策、技术创新等传统视角,而对金融化视角下金融因素对粮食价格波动的影响机理及价格预测机制的改善研究仍局限在理论探讨层面,实证分析颇有待强化;研究多以整个粮食市场为样本,由于不同粮食品种属性和市场用途不同,以多种类型粮食及其衍生品的整体市场为样本,将降低研究结果对政策制定的指导作用。同时,由于所用数据频率的差异,导致实证结果的一致性和可信度不高。为此,考虑到玉米在我国粮食市场中的重要地位,本研究将以玉米市场为例,拟通过规范分析重点研究我国玉米金融化的理论机理,基于全国中等玉米集贸市场价格、我国玉米期货市场价格、我国上证综合指数、波罗的海干散货指数、人民币兑美元的汇率、国际石油价格月度数据和 3 月期国债收益率,利用 ARDL 模型,遴选出玉米价格波动的显著金融化因素,并分析其对玉米价格波动的短期与长期传导效应。在此基础上,基于金融化视角提出构建和优化我国玉米价格政策的建议。

三、数据说明与模型构建

(一)传导机理与数据说明

通过文献查阅和专家座谈,确定玉米价格波动的金融化影响因子,拟按照以下路径,分析金融化因素对玉米价格波动的影响机理,其内在机理如图 1 所示。

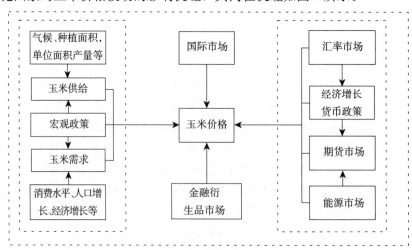

图 1   玉米市场金融化内在机理

1. 传导机理

（1）期货市场的预期效应。期货市场为大量玉米生产者和投资者提供了规避风险、套期保值的场所，是玉米市场金融化的主要推动力量。

（2）金融衍生品的长足发展。在全球流动性泛滥以及交易电子化与网络化的背景下，资金进入农产品市场的门槛逐渐降低，且金融衍生品的开发打通了农产品市场与资本市场联系的通道。

（3）贸易一体化拓宽了资本自由流动的空间。这一路径通过国内外实体经济的融合，为投资资金进入国内玉米市场创造了盈利空间。

（4）汇率的传导效应。人民币升值或贬值，将通过汇率流动性传递效应冲击国内玉米投机性金融资本，造成玉米的金融属性与传统意义的产销供求等价格生成条件的脱节愈益凸显。

（5）生物质能源等玉米用途开发的价格波动效应。在国际能源连续高企的背景下，玉米工业用途不断增加，而生物质能源的发展，尤其是基于粮食作物的燃料乙醇的蓬勃发展，改变了玉米需求相对稳定的格局，并把玉米市场与能源市场紧密联系起来，大大增加了玉米市场的不确定性，弱化了其粮食属性，强化了其能源和金融属性。

2. 数据说明

随着农产品期货市场和相关金融衍生品市场的不断创新和深化发展，国内外玉米市场一体化程度不断加深，中国玉米价格形成机制正发生着深刻变化。在价格形成方式上，现货市场和期货市场相互作用推动价格形成逐渐取代了传统的产区和销区共同作用现货价格的格局；在决定价格因素上，传统的供需力量正逐渐弱化，取而代之的是来自国际市场、期货市场、能源市场以及金融衍生品市场等多种力量的共同影响；在传导机制上，期货市场的即时反应逐渐取代了传统的递进式传导机制，各种影响因素的变化通过期货市场迅速扩展到现货市场，进而影响现货市场价格。其带来的直接后果是，玉米价格的影响因素明显增多，且复杂化，波动幅度不断加大，周期逐渐缩短，玉米市场的价格波动呈现出显著的复杂性、不确定性和不稳定性。

基于此，通过金融化因素对玉米价格波动的影响机理分析，确定玉米价格波动的金融化影响因素。基于 2004 年 9 月至 2016 年 2 月各变量的月度数据，选取我国玉米期货市场价格（FUTURE）、我国上证综合指数（INDEX）、波罗的海干散货指数（BDI）、人民币兑美元的汇率（RATE）、国际石油价格（Oil）指标，以全国中等玉米集贸市场价格衡量玉米价格的波动（CASH）。考虑到传统供求力量对玉米现货价格的影响，以及 3 月期国债收益率对国家宏观经济形势良好的反应机制，我们采用 3 月期国债收益率（INTEREST）来衡量来自传统供求力量的影响。首先采用 X_{12} 季节调整方法对玉米价格月度数据进行季节调整。在此基础上，基于 H-P 滤波法获得周期成分，利用 ARDL 模型遴选出金融化因素对玉米价格波动的显著影响因素，并检验其短期及长期效应。各变量周期成分的统计描述如表 1 所示。

表 1　变量的统计性描述

变量	均值	中值	最大值	最小值	标准差	偏度	峰度	JB 统计量
CORN	−3.36E-10	3.692 321	202.497 3	−235.107	83.934 1	−0.286 8	3.115 2	1.996 4

（续）

变量	均值	中值	最大值	最小值	标准差	偏度	峰度	JB统计量
DBI	−7.57E-10	−76.604 5	4 356.147 0	−4 077.27	1 421.877	0.580 6	5.192 9	35.917 1***
FUTURE	−4.41E-10	−13.107 6	281.651 1	−425.353	118.498 6	−0.265 2	3.975 0	7.186 5**
INDEX	1.14E-11	+55.868 4	2 735.665 0	−1 275.610 0	653.051 8	1.359 1	6.276 5	105.72 7***
OIL	−1.14E-11	−0.998 6	44.256 3	−33.126 8	13.378 0	0.426 0	4.376 5	15.274 2***
RATE	−6.38E-13	0.001 9	0.232 9	−0.269 4	0.094 2	−0.453 6	3.123 6	4.889 6*
INTEREST	−4.02E-14	−0.054 2	1.157 6	−1.039 0	0.561 65	0.297 4	2.260 4	5.254 5*

注：*、**、***分别为10%、5%和1%的显著性水平。

3. 玉米现货价格波动周期

自身趋势、周期波动、季节因素和无法预测的不规则成分是影响经济时间序列波动的4种因素。时间序列分解法可有效将上述4种因素分解出来，是研究周期波动的常用方法。由于一些产品价格，尤其是农产品，容易受到季节因素的影响，因此在进行数据分析时往往需要首先分解出周期成分、季节成分和不规则成分，常用方法为季节调整法，如Census X12 方法、X11 方法、移动平均方法和 Tramo/Seats 方法。由于 Census X12 方法对 X11 季节调整法做了进一步更实用、完美的改进，并保留了 X11 的基本功能，本文将选用 Census X12 方法对原始数据进行季节调整。玉米价格波动周期如图 2 所示。

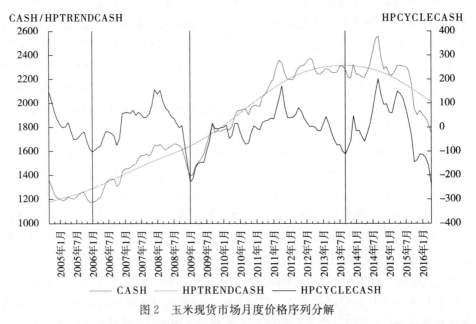

图 2 玉米现货市场月度价格序列分解

将玉米现货市场价格序列经过季节调整和去趋势处理，可得到玉米的周期波动序列。借鉴"谷-谷"经济周期划分法，得到玉米价格波动 4 个周期的划分（表 2）。按照经济周期的划分标准，可以将 2002 年 9 月至 2016 年 2 月的玉米现货市场价格划分为 4 个周期，值得注意的是，由于第一个周期（2004 年 9 月至 2006 年 1 月）并不存在严格意义上的波峰、波谷，因此我们认为 2002 年 9 月至 2016 年 2 月的玉米现货市场价格只存在 3 个周期，分别为 2006 年 1 月至 2009 年 1 月、2009 年 1 月至 2013 年 8 月和 2013 年 8 月至 2016 年 2 月。玉米现货市场价格波动平均为 40 个月（约 3.3 年），扩张期平均为 24.6 个月（约 2 年），收缩期平均为 15.3 个月（约 1.27 年）。

表 2　2002 年 9 月至 2016 年 2 月玉米现货价格波动周期

周期	时间区域	持续时间（月）	扩张（月）	波峰	收缩（月）	波谷
一	2004 年 9 月至 2006 年 1 月	16	0	2004 年 9 月	16	2006 年 1 月
二	2006 年 1 月至 2009 年 1 月	36	24	2008 年 1 月	12	2009 年 1 月
三	2009 年 1 月至 2013 年 8 月	56	35	2011 年 11 月	21	2013 年 8 月
四	2013 年 8 月至 2016 年 2 月	28	15	2014 年 11 月	13	2016 年 2 月

（二）模型构建

本部分包含两大内容：第一，就金融化因素对我国玉米价格波动的格兰杰因果关系进行检验，主要考察玉米期货市场价格、我国上证综合指数、波罗的海干散货指数、人民币兑美元的汇率国际原油价格、3 月期国债收益率与全国中等玉米集贸市场价格间是否存在整合关系；第二，若诸变量间的整合关系存在，那么金融化因素是否对我国玉米价格波动具有经济意义上的显著影响，其影响程度如何，价格波动的渠道和机制又如何。我们将利用自回归分布滞后模型（ARDL）对上述问题进行回答。

由 Charemza 和 Dcadman（1992）最早提出，后经 Pesaran 和 Shin（1999）等逐步完善和推广的自回归分布滞后模型（ARDL）是一种较新的协整检验方法。由于向量自回归（VAR）分析不仅需要区分大量的内生和外生变量，还需确定趋势项、截距项和滞后阶数，使得研究结论具有很大的不确定性。相较于传统的 VAR 模型或 VEC 模型，ARDL 模型的主要优点：①ARDL 模型对时间序列的单整性要求不高，即不需要检验序列的同阶单整性，即使非平稳，也不会导致虚假回归的问题；②ARDL 模型对样本长度要求较低，当样本容量较小时，边界检验的 ARDL 过程结果也是足够稳健的；③ARDL 模型不需解决变量的内生性问题，即使解释变量内生，也可以得出无偏且有效的估计结果。基于此，本项目采用 ARDL 模型检验金融化因素对我国玉米价格波动的短期及长期效应。

检验时间序列的平稳性，构造方程的自回归分布滞后模型，如式（1）所示：

$$\Delta CASH_t = \alpha_0 + \sum_{i=1}^{n}\alpha_{1i}\Delta CASH_{t-i} + \sum_{i=0}^{n}\alpha_{2i}\Delta FUTURE_{t-i} + \sum_{i=0}^{n}\alpha_{3i}\Delta INDEX_{t-i} +$$

$$\sum_{i=0}^{n}\alpha_{4i}\Delta BDI_{t-i} + \sum_{i=0}^{n}\alpha_{5i}\Delta RATE_{t-i} + \sum_{i=0}^{n}\alpha_{6i}\Delta OIL_{t-i} + \sum_{i=0}^{n}\alpha_{7i}\Delta INTEREST_{t-i} +$$

$$\alpha_8 CASH_{t-1} + \alpha_9 FUTURE_{t-1} + \alpha_{10}INDEX_{t-1} + \alpha_{11}BDI_{t-1} + \alpha_{11}RATE_{t-1} +$$

$$\alpha_{12}OIL_{t-1} + \alpha_{13}INTEREST_{t-1} + \mu_t \tag{1}$$

式中，$CASH$ 为月度玉米现货价格、$FUTURE$ 为月度玉米期货价格、$INDEX$ 为月度上证综指、BDI 为月度波罗的海干散货指数、$RATE$ 为月度人民币兑美元的汇率、OIL 为国际石油价格、$INTEREST$ 为 3 月期国债收益率。Δ 为各变量的一阶差分项；α_{1i}、α_{2i}、α_{3i}、α_{4i}、α_{5i}、α_{6i}、α_{7i} 为短期动态关系；α_8、α_9、α_{10}、α_{11}、α_{12}、α_{13} 为变量间的

协整关系。

给定原假设 H_0：变量间不存在稳定的长期关系，考察该假设成立与否，即考察以下结论的正确性：

原假设 H_0：$\alpha_8 = \alpha_9\alpha_{10} = \alpha_{11} = \alpha_{12} = \alpha_{13} = 0$。

备择假设 H_1：α_8、α_9、α_{10}、α_{11}、α_{12}、α_{13} 至少有一个不为 0。

该假设用 α_8、α_9、α_{10}、α_{11}、α_{12}、α_{13} 联合显著的 F 统计量判断，若 F 值大于上限，则拒绝不存在协整关系的原假设，接受具有协整关系的备择假设；若 F 值小于下限值，则不否定原假设，即不存在协整关系。若 F 值介于上下限值之间，则无法判断。同时，考虑到相较于 Pesaran 等（2001）、Narayan（2005）针对小样本给出了一个更恰当的临界值，本研究临界值参考 Narayan（2005）的研究。

一旦确定了协整关系，根据 AIC 和 SBC 准则选择适当的滞后阶数，运用 ARDL 模型，对变量间的长期动态关系进行估计，如式（2）所示：

$$CASH_t = \beta_0 + \sum_{i=1}^{n}\beta_{1i}CASH_{t-i} + \sum_{i=0}^{n}\beta_{2i}FUTURE_{t-i} + \sum_{i=0}^{n}\beta_{3i}INDEX_{t-i} +$$

$$\sum_{i=0}^{n}\beta_{4i}BDI_{t-i} + \sum_{i=0}^{n}\beta_{5i}RATE_{t-i} + \sum_{i=0}^{n}\beta_{6i}OIL_{t-i} + \sum_{i=0}^{n}\beta_{7i}INTEREST_{t-i} + \varepsilon_t \quad (2)$$

四、实证结果分析

（一）基本检验

1. 单位根检验

我们对各变量的周期成分进行单位根检验，由于不包含变量的趋势项，因此在进行变量周期成分的单位根检验时，我们既不包含截距项也不包含趋势项，各变量的平稳性检验结果如表 3 所示。为保证结果的稳健性，我们对各变量分别进行了 ADF 检验和 PP 检验，结果显示，在 5% 的显著性水平上，所有变量的水平序列均不存在单位根，是平稳的。

表 3　变量平稳性检验结果

变量	ADF 统计量	5%临界值	P 值	PP 统计量	5%临界值	P 值
CORN	−3.268 6	−1.943 2	0.001 2	−2.835 6	−1.943 1	0.004 8
DBI	−4.032 2	−1.943 2	0.000 1	−2.754 4	−1.943 1	0.006 1
FUTURE	−2.935 5	−1.943 2	0.003 6	−1.476 4	−1.943 1	0.130 4
INDEX	−5.384 6	−1.943 2	0.000 0	−3.118 2	−1.943 1	0.002 0
OIL	−4.244 0	−1.943 2	0.000 0	−3.412 9	−1.943 1	0.000 8
RATE	−2.755 2	−1.943 2	0.006 1	−2.821 6	−1.943 1	0.005 0
INTEREST	−3.632 1	−1.943 2	0.000 4	−2.989 3	−1.943 1	0.003 0

2. 格兰杰因果关系检验

在经济系统中一些变量显著相关，但他们之间未必存在因果关系，因此判断变量间是否存在因果关系是研究变量间相互关系的重要基础，若各变量是平稳的时间序列，可以采用格兰杰因果关系检验。表 3 结果显示各变量的周期成分都是平稳的，因此可以进行格兰杰因果关系检验。根据 AIC 准则，我们把最优滞后阶数确定为 3。表 4 格兰杰因果关系检验可知，在 5% 的显著性水平上，不能拒绝 FUTURE、INDEX、RATE、OIL、INTEREST 不是 CORN 的格兰杰原因，即这些因素是我国玉米价格波动的显著影响因素。

表 4　格兰杰因果关系检验结果

零假设	F-统计量	概率
DBI 不是 CORN 的格兰杰原因	2.046 3	0.110 6
FUTURE 不是 CORN 的格兰杰原因	18.981 8	3E-10
INDEX 不是 CORN 的格兰杰原因	5.278 8	0.001 8
INTEREST 不是 CORN 的格兰杰原因	2.200 5	0.072 0
OIL 不是 CORN 的格兰杰原因	3.433 9	0.019 0
RATE 不是 CORN 的格兰杰原因	2.543 0	0.050 8

同时，表 4 结果显示，从统计学意义上看，DBI 是不是 CORN 价格变动的格兰杰原因难以确定，如果一个变量检验值接近临界值点而难以做出判断时，我们可根据经济学理论对其属性进行判断。经济学意义上，贸易一体化拓宽了资本自由流动的空间，这一路径通过国内外实体经济的融合，为投资资金进入国内玉米市场创造了盈利空间，因此我们可以认为它是影响玉米价格波动的一个原因。

3. 长期协整关系检验

单位根检验显示各变量的水平序列为平稳的时间序列，且格兰杰因果关系检验得知，不能拒绝 FUTURE、INDEX、RATE、OIL、INTEREST 不是 CORN 的格兰杰原因，同时，DBI 对玉米价格波动存在经济学意义上的影响，可通过协整检验来确定变量间是否存在长期协整关系。由表 5 协整检验的结果可以看出，各变量间至少存在 4 个协整方程，可以判定变量间存在长期协整关系。

表 5　协整检验结果

协整方程的数量	特征根	最大特征根统计量	5%临界值	P 值
None*	0.375 870	63.638 63	46.231 42	0.000 3
At most 1*	0.291 194	46.463 44	40.077 57	0.008 4
At most 2*	0.239 794	37.012 37	33.876 87	0.020 4
At most 3*	0.203 460	30.709 56	27.584 34	0.019 2
At most 4	0.133 872	19.402 54	21.131 62	0.085 8

注：* 表示最大特征根统计量超过 5%临界值。

（二）ADRL 模型估计结果

表 6 给出了我国玉米价格波动的金融化驱动因素的 ARDL 模型回归结果。结果显示，我国玉米当期价格波动受自身滞后价格的影响最为显著，其中，上个月度的价格影响系数为 0.611，即上月玉米价格每上涨 1 个百分点，当月玉米价格将上涨 0.611 个百分点。而玉米价格滞后 2 期的价格波动对当期玉米价格的影响系数为 -0.617，即滞后 2 期的玉米价格每上涨 1 个百分点，当年玉米价格将下降 0.611 个百分点。这一关系反映了当期玉米价格波动受前期玉米价格波动的影响情况，符合玉米价格周期波动的规律。

就玉米价格波动的金融化驱动因素看，玉米期货价格波动对玉米现货价格波动影响显著。在 1% 的显著性水平下，当期、滞后 1 期和滞后 2 期的玉米期货价格对当期玉米现货价格的影响系数分别为 0.120、0.199 和 -0.312，表明玉米期货市场很好地发挥了对现货市场的价格发现和引导功能。在 10% 的显著性水平下，滞后 4 期的上证综合指数对玉米价格波动有显著影响，其影响系数为 0.027，即上证综指每上涨 1 个百分点，玉米价格将上涨 0.027 个百分点。3 个月期国债的收益率水平对玉米价格波动有显著影响，滞后 2 期和 3 期的影响系数分别为 -0.336 和 -0.182，即滞后 2 个月和滞后 3 个月的 3 月期国债收益率波动对当期玉米价格波动有负向影响，滞后 2 期和 3 期的国债利率每上升 1 个百分点，玉米价格将降低 0.336 个和 0.182 个百分点。在 10% 的显著性水平上，当期、滞后 1 期和滞后 2 期的石油价格对玉米现货价格影响显著，其影响系数分别为 0.280、0.743、0.784，即当期玉米价格波动受石油价格波动影响剧烈。滞后 3 期的人民币兑美元的汇率对当期玉米价格波动影响显著，系数为 -0.238，即人民币兑美元的汇率每降低 1 个百分点，玉米现货价格将增加 0.238 个百分点。

表 6　ARDL 模型回归结果

变　量	系数	SE	T 值	变　量	系数	SE	T 值
CORN（-1）	0.611	0.058	10.501***	INDEX（-4）	0.027	0.016	1.727*
CORN（-2）	-0.617	0.073	-8.456***	OIL	0.280	0.139	2.011**
CORN（-3）	-0.104	0.133	-0.779	OIL（-1）	0.743	0.415	1.790*
CORN（-4）	-0.023	0.088	-0.262	OIL（-2）	0.784	0.428	1.832*
DBI	-0.001	0.007	-0.141	OIL（-3）	0.616	0.741	0.830
DBI（-1）	-0.002	0.009	-0.215	OIL（-4）	-0.068	0.593	-0.115
DBI（-2）	0.002	0.010	0.231	RATE	-0.511	0.223	-2.291
DBI（-3）	0.004	0.009	0.422	RATE（-1）	0.638	0.271	2.354
DBI（-4）	-0.005	0.006	-0.815	RATE（-2）	-0.028	2.010	-0.014
FUTURE	0.120	0.056	2.146**	RATE（-3）	-0.238	0.053	-4.491***
FUTURE（-1）	0.199	0.081	2.458**	RATE（-4）	-0.534	0.541	-0.987
FUTURE（-2）	-0.312	0.087	-3.581***	INTEREST	0.257	0.071	3.597***
FUTURE（-3）	0.039	0.094	0.412	INTEREST（-1）	0.097	19.015	0.005
FUTURE（-4）	0.031	0.072	0.421	INTEREST（-2）	-0.336	0.365	-2.738***

（续）

变 量	系数	SE	T 值	变 量	系数	SE	T 值
INDEX	0.010	0.014	0.703	INTEREST（-3）	-0.182	0.021	-8.725***
INDEX（-1）	-0.001	0.020	-0.040	INTEREST（-4）	0.835	1.213	0.688
INDEX（-2）	0.019	0.021	0.885	C	-0.944	2.313	-0.408
INDEX（-3）	0.004	0.021	0.203				
R		0.925		Mean dependent var		-2.573	
Adjusted R-squared		0.900		S. D. dependent var		83.456	
S. E. of regression		26.355		Akaike info criterion		9.598	
Sum squared resid		70 152.660		Schwarz criterion		10.348	
Log likelihood		-617.688		Hannan-Quinn criter.		9.903	
F-statistic		36.844		Durbin-Watson stat		2.088	
Prob（F-statistic）		0					

注：*、**、***分别为 10%、5%和 1%的显著性水平。

（三）敏感性检验

为保证月度 ARDL 回归结果的稳健性，该部分中我们将月度数据合并为季度数据考察金融因素对我国玉米价格波动的影响。表 7 给出了敏感性检验的回归结果。实证结果显示，我国玉米当期价格波动受自身滞后价格的影响最为显著，其中，上个季度的价格影响系数为 0.440，即上个季度玉米价格每上涨 1 个百分点，当期季度玉米价格将上涨 0.440 个百分点。而玉米价格滞后 2 个季度的价格波动对当期玉米价格的影响系数为 0.644，即滞后 2 个季度的玉米价格每上涨 1 个百分点，当期玉米价格将上涨 0.644 个百分点。这一结论也印证了 ARDL 回归结果的稳健性。

就玉米价格波动的金融化驱动因素看，在统计学意义上，滞后 3 期和 4 期的波罗的海干散货指数，当期、滞后 1 期和滞后 2 期的玉米期货价格，当期、滞后 1 期和滞后 4 期的 3 个月期国债收益率，当期和滞后 1 期的原油现货价格以及当期和滞后 1 期的人民币兑美元的汇率对玉米价格波动有显著影响。值得注意的是，上述诸影响因素中，波罗的海干散货指数对玉米价格的影响虽然具有统计学意义上的显著性，但却不具有经济学意义上的显著性。这一稳健性回归结果基本与月度频率的 ARDL 模型具有一致性。

表 7 敏感性检验回归结果

变量	系数	SE	T 值	变量	系数	SE	T 值
CORN（-1）	0.440	0.260	1.690*	INDEX（-4）	0.074	0.097	0.760
CORN（-2）	0.644	0.226	2.843***	OIL	0.169	0.093	1.817*
CORN（-3）	-0.060	0.243	-0.246	OIL（-1）	0.232	0.073	3.178***
CORN（-4）	0.073	0.251	0.290	OIL（-2）	0.547	0.637	0.859
DBI	0.014	0.022	0.644	OIL（-3）	0.624	0.794	0.786

（续）

变量	系数	SE	T 值	变量	系数	SE	T 值
DBI （−1）	−0.008	0.014	−0.597	OIL （−4）	0.019	0.564	0.034
DBI （−2）	−0.013	0.014	−0.939	RATE	−0.897	0.438	−2.048**
DBI （−3）	−0.019	0.010	−1.893*	RATE （−1）	0.708	0.164	4.317***
DBI （−4）	−0.035	0.016	−2.184***	RATE （−2）	−0.309	0.740	−0.418
FUTURE	0.120	0.033	3.636***	RATE （−3）	−0.627	0.522	−1.201
FUTURE （−1）	0.294	0.181	1.633*	RATE （−4）	−0.434	0.376	−1.154
FUTURE （−2）	0.059	0.013	4.538***	INTEREST	0.213	0.053	3.992***
FUTURE （−3）	−0.138	0.210	−0.658	INTEREST （−1）	0.312	0.046	6.783***
FUTURE （−4）	−0.210	0.208	−1.008	INTEREST （−2）	0.059	0.518	0.114
INDEX	0.012	0.046	0.261	INTEREST （−3）	0.098	0.098	1.803
INDEX （−1）	0.048	0.045	1.066	INTEREST （−4）	0.159	0.158	1.008*
INDEX （−2）	0.022	0.067	0.333	C	1.176	3.780	0.311
INDEX （−3）	0.024	0.090	0.268				
R-squared		0.986		Mean dependent var		0.274	
Adjusted R-squared		0.919		S. D. dependent var		79.445	
S. E. of regression		22.562		Akaike info criterion		8.945	
Sum squared resid		3 563.373		Schwarz criterion		10.393	
Log likelihood		−152.852		Hannan-Quinn criter		9.476	
F-statistic		14.745		Durbin-Watson stat		2.385	
Prob （F-statistic）		0.001					

注：*、**、***分别为10%、5%和1%的显著性水平。

五、结论及政策启示

传统观点认为，粮食价格波动是市场供求、宏观政策及粮食自身属性等因素共同作用的结果，但近年来其解释备受争议。在我国粮食供求格局未发生根本改变的情况下，粮价剧烈波动，其中重要的推动力量为粮食日益增强的金融属性。本文基于粮食金融化视角，基于2004年9月至2016年2月各变量的月度数据，通过构建玉米价格波动的金融化驱动体系，利用ARDL模型遴选出玉米价格波动显著的金融化影响因素。实证结果表明：期货市场、国际石油价格和人民币兑美元的汇率是影响玉米现货价格波动最显著的力量，玉米价格的定价机制已经发生变化。较之过去，玉米价格波动幅度更大，波动趋势也更具有不确定性。

玉米价格形成机制的新变化，使得政府在调控玉米市场价格时，不仅要关注玉米传统供需力量的作用，还要关注来自金融市场的影响，实现玉米价格的相对平稳，还需加大对金融市场的调控。首先政府要强化对玉米期货市场和金融衍生品市场的监管，弱化期货市场和金融衍生品市场的负面影响，防止过度投机和炒作。部分学者认为管制会减少金融市场的流动性，导致金融市场效率的损失。因而学术界对玉米市场是否需要监管或管制仍存在较大分歧。相较于国外成熟的玉米期货市场，由于我国玉米期货市场建立时间短、发展并不完善，尤其是近年来国际投机资本大量流入我国，故对于过度投机的监管十分迫切。其次要深入研究玉米市场价格变化的特点和趋势，尤其是价格波动的周期波动，制定科学有效的玉米价格调控预案，加大玉米市场价格的监督和监管，提高政府应急调控能力。最后，科学合理的社会舆论和市场预期可以有效减少由信息误导带来的玉米价格剧烈波动，因此要加强玉米信息监测和发布，打击玉米市场投机和炒作行为，正确引导玉米市场价格在合理的范围内波动。

参考文献

高春华，2015. 农产品金融化对我国粮食安全的影响及对策 [J]. 山东社会科学（8）：128-132.

李光泗，郑毓盛，2014. 粮食价格调控、制度成本与社会福利变化 [J]. 农业经济问题（8）：6-15.

裴少锋，刘晓露，2014. 粮食金融化背景下粮食安全问题研究 [J]. 粮食科技与经济，39（3）：5-8.

祁华清，李霜，樊琦，2015. 中国粮食金融化的测度、检验及政策启示 [J]. 管理世界（2）：172-173.

苏应蓉，2011. 农产品价格波动中金融化因素探析 [J]. 农业经济问题（6）：89-95.

温铁军，计晗，高俊，2014. 粮食金融化与粮食安全 [J]. 理论探讨（5）：82-87.

吴海霞，霍学喜，2014. 宏观政策对粮食市场价格波动影响的实证分析 [J]. 系统工程（4）：61-69.

辛毅，李宁，温铁军，2015. 我国应对国际粮食市场"金融化"的对策研究 [J]. 价格理论与实践（2）：87-90.

翟雪玲，徐雪高，谭智心，等，2013. 农产品金融化概念、形成机理及对农产品价格的影响 [J]. 中国农村经济（2）：83-95.

詹琳，蒋和平，2015. 粮食目标价格制度改革的困局与突破 [J]. 农业经济问题（2）：14-20.

张成思，刘泽豪，罗煜，2014. 中国商品金融化分层与通货膨胀驱动机制 [J]. 经济研究（1）：140-154.

钟甫宁，2011. 粮食储备和价格控制能否稳定粮食市场？——世界粮食危机的若干启示 [J]. 南京农业大学学报社会科学版，11（2）：20-26.

周明磊，任荣明，2011. 考虑生物燃料因素对美国玉米价格走势的预测 [J]. 管理评论（9）：20-27.

Baumeister C，Kilian L，2014. Do oil price increases cause higher food prices? [J]. Economic Policy，29（80）：691-747.

Bruno V G，Büyükşahin B，Robe M A，2013. The financialization of food? [J]. American Journal of Agricultural Economics，99（1）：243-264.

Carter C A，Rausser G C，Smith A，2011. Commodity booms and busts [J]. Annual Review of Resource Economics，3：87-118.

Carter C A，Rausser G C，Smith A，2013. Commodity storage and the market effects of biofuel policies [J]. American Journal of Agricultural Economics，99（4）：1027-1055.

Clapp J，Eric H，2012. Troubled futures? The global food crisis and the politics of agricultural derivatives regulation [J]. Review of international political economy，19（2）：181-207.

Cotula L and Vermeulen S，2009. Deal or no deal：the outlook for agricultural Land Investment in Africa [J]. International Affairs，85（6）：1233-1247.

Etienne X L，Irwin S H and Garcia P，2012. Price explosiveness and index trader behavior in the corn，Price Analysis，Forecasting，and Market Risk Management. St. Louis，Missouri.

Etienne X L, 2015. Financialization of Agricultural Commodity Markets: Do Financial Data Help to Forecast Agricultural Prices? [R]. Selected Paper prepared for presentation at the 2015 Agricultural & Applied Economics Association and Western Agricultural Economics Association Annual Meeting, San Francisco, CA: 26-28.

Gilbert C L, 2010. How to Understand High Food Prices [J]. Journal of Agricultural Economics, 61 (2): 398-425.

Hamilton J D , Wu J C, 2015. Effects of index-fund investing on commodity futures prices [J]. International economic review, 56 (2): 187-205.

Isakson S R, 2015. Derivatives for development? Small-farmer vulnerability and the financialization of climate risk management [J]. Journal of Agrarian Change, 15 (4): 569-580.

Magnan A, 2015. The financialization of agri-food in Canada and Australia: Corporatefarmland and farm ownership in the grains and oilseed sector [J]. Journal of Rural Studies, 41: 1-12.

McPhail L L, Du X, Muhammad A, 2012. Disentangling corn price volatility: The role of global demand, speculation, and energy [J]. Journal of Agricultural and Applied Economics, 44: 401-410.

Mensi W, Beljid M, Boubaker A, et al. , 2013. Correlations and volatility spillovers across commodity and stock markets: Linking energies, food and gold [J]. Economic Modelling, 32: 15-22.

Naeayan P K, 2005. The saving and investment nexus for China: evidence from cointegration tests [J]. Applied Economics, 37 (17): 1979-1990.

Pesaran M H, ShinY, 1999. An autoregressive distributed lag modelling approach to cointegration analysis [M] //In: Strom, S. (Ed.), Econometrics and Economic Theory in the 20th Century: The Ragnar Frisch Centennial Symposium. Cambridge: University Press Cambridge.

Pesaran M H, Shin Y, Smith R J, 2001. Bounds testing approaches to the analysis of level relationships [J]. Journal of Applied Econometrics, 16 (3): 289-326.

Sanders D R, Irwin S H, 2011. The impact of index funds in commodity futures markets: A systems approach [J]. Journal of Alternative Investments, 14: 40-49.

Stoll H R, Whaley R E, 2010. Commodity index investing and commodity futures prices [J]. Journal of Applied Finance, 20: 7-46.

Headley D, Fan S, 2008. Anatomy of A crisis: The causes and consequences of surging food prices [J]. Agricultural Economics (Issue Supplement), 39: 375-391.

批发市场农产品购销价差的测度及成分构成[①]

——基于 13 个省份 633 家购销商的调查分析

丁 烨 曾寅初

（中国人民大学农业与农村发展学院）

摘 要： 批发市场是我国农产品流通的核心环节，农产品购销价差与农民与消费者的利益息息相关，但是由于缺乏系统性的统计数据，影响了对这一重要问题的合理判断。本文利用全国 13 个省份 633 家购销商的调研数据，测算了我国批发环节的农产品购销价差，并对其成分构成进行了分析，以反映农产品在经由批发市场这一环节时的购销价差的真实情况。

关键词： 农产品批发市场 购销商 购销价差

一、引 言

近年来，"菜贱伤农"及"菜贵伤民"等现象引起了人们对农产品购销价差的关注，许多学者都对我国农产品流通的总价差以及批零价差进行了测算。但是，由于缺乏系统性的统计数据，这些测算只能根据几次追踪调研的数据来进行，由于偶然性误差造成结果相差较大，影响了其可信度，而且基于跟踪数据的测算只能根据现有集中农产品，无法反映农产品购销价差的全貌。因此，本文将利用针对购销商的调查，以一年的数据为基础来测度我国各类农产品的购销价差。

由于调查数据的限制，本文并没有测度从生产者到消费者的整个产业链的农产品价差，而仅仅关注农产品批发环节，测度了在农产品批发市场上的购销商的购销价差。由于农产品批发市场是我国农产品流通的核心环节，我国 70％以上的农产品经由批发市场，批发市场上农产品的购销价差势必会对农产品从生产者到消费者的全产业价差造成重要的影响，至少是较为全面准确地反映了我国农产品在批发市场环节的购销价差情况。

本文所用的数据来源于由中国人民大学农业与农村发展学院课题组于 2014 年 10 月至 12 月完成的问卷调查。调查范围包括全国 13 个省份重要农产品流通节点城市的重要农产品批发市场，每个批发市场随机选取 100 家左右的购销商作为调查对象，共获得 1 601 份有效问卷，经过对数据可靠性的严格筛选，最终确定 633 家购销商的数据用于本文的测度

[①] 本文是国家自然科学基金重点项目"食品安全消费者行为与风险交流策略研究"（批准号：71633005）的部分研究成果。

分析。本文分析的对象时期是 2013 年，利用各购销商 2013 年的数据，按照"购销价差＝年度平均销价－年度平均购价"，"购销价差率＝购销价差/年度平均销价"来测算农产品的购销价差，按照年度单位产品的利润和各类流通成本来分析农产品购销差价的构成，测算的农产品包括蔬菜、水果、肉类、水产、粮食和干货等六大品类。

二、农产品的购销价差及其价差率

根据样本中全部购销商交易额最大的农产品的购销金额，通过加权平均，计算得到农产品的平均销价为 3 464.14 元/吨，平均进价为 2 822.28 元/吨，由此可得购销价差为 641.86 元/吨，价差率为 18.53%。其中，购销价差由购销商的流通费用和购销商所得利润两大部分构成，流通费用为 316.31 元/吨，利润为 325.55 元/吨，在农产品销售价格中占比分别为 9.13% 和 9.40%。与流通费用率相比，利润率稍高，但都不足10%（表1）。

表 1 整体和不同品类农产品购销价差和价差率

	销价 （元/吨）	进价 （元/吨）	价差 （元/吨）	价差率 （%）	流通 费用率（%）	利润率 （%）	样本数
整体	3 464.14	2 822.28	641.86	18.53	9.13	9.40	633
蔬菜	2 063.10	1 629.27	433.82	21.03	12.60	8.42	279
水果	6 336.00	5 266.85	1 069.15	16.87	8.99	7.88	115
肉类	18 798.77	16 635.13	2 163.64	11.51	4.83	6.68	54
水产	14 606.47	12 592.47	2 014.00	13.79	3.79	10.00	69
粮食	3 548.57	2 990.90	557.67	15.72	5.49	10.23	46
干货	61 966.91	38 449.07	23 517.84	37.95	7.99	29.96	70

注：根据作者的问卷调查数据计算。

不同品类产品单价不同造成各品类农产品购销价差之间存在较大的差异。购销价差从高到低排列依次为干货、肉类、水产、水果、粮食、蔬菜[1]，这与不同品类的进销价格高低排序一致。干货价差高达 23 517.84 元/吨，销价为 61 966.91 元/吨，而蔬菜的价差只有 433.82 元/吨，销价为 2 063.10 元/吨（表1）。

由于以上原因，我们需要采用购销价差率来比较不同品类农产品之间的购销价差的差异。干货的购销价差率显著高于其他品类，高达 37.95%；剩余品类中，蔬菜的购销价差率较高，为 21.03%；水果其次，为 16.87%；粮食、水产、肉类的购销价差率较低，分别为 15.72%、13.79%、11.51%（表1、图1）。与其他品类相比，干货的购销价差和购销价差率都非常高，这可能是由于干货属于高附加值产品，尤其是干货中的茶叶。除干货

---

[1] 其中蔬菜品类中包括葱、姜、蒜、白菜、包菜、芹菜、椒类、菇类、豆角、蒜薹、茄子、黄瓜、土豆、山药、洋葱、菜花、南瓜、冬瓜、萝卜、胡萝卜、西红柿、西兰花共 22 种，水果品类中包括梨、苹果、香蕉、柑橘、葡萄、西瓜、柚子、火龙果共 8 种，肉类品类中包括猪肉、鸡鸭肉、牛羊肉，水产品类中包括鱼类、虾类、蟹类、贝类，粮食品类中包括大米、豆类、薯类，干货品类中包括茶叶、核桃、红枣。

外，蔬菜的购销价差率最高，而购销价格最低；肉类的购销价差率最低，而购销价格最高。这可能是由于购销商经营同样数量的农产品，对于价格低的品类需要制定较高的购销价差率来保证自身收益。

从购销价差率的细分构成来看，流通费用率蔬菜最高，为12.60%；其次为水果和干货，分别为8.99%和7.99%；粮食、肉类、水产则低至5.49%、4.83%、3.79%，而购销利润率干货最高，高达29.96%；其次为粮食和水产，都在10%左右；蔬菜、水果、肉类则更低，分别为8.42%、7.88%、6.68%。除蔬菜、水果外，其余品类的购销利润率均高于流通费用率（表1）。由此可知，干货的购销价差率高主要是由于利润率高，接近30%，这与其他品类的利润率大多低于10%明显不同，经营干货的购销商所得利润较高。蔬菜的购销价差率较高，主要是由于流通费用率高，这说明由于蔬菜自身的特性，流通过程中所需成本较高，可能与蔬菜的易腐性与高损耗率有关。

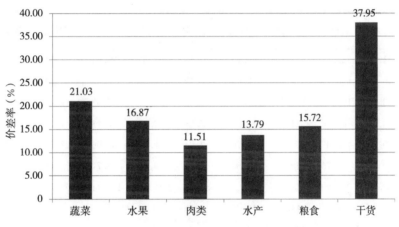

图1　不同品类农产品的购销价差率

注：根据作者的问卷调查数据计算绘制。

三、农产品购销价差的成分构成

购销价差由购销商的流通费用和购销商所得利润两大部分构成，其中流通费用是购销商在流通环节所需支付的各项成本的总和。农产品购销商从购进货物到售出货物需要进行收购、运输、储藏、质量分级、分拣包装、销售等一系列活动。根据流通过程中购销商的具体活动的支出，流通费用可以分为运输费、市场费、储藏费、分级包装费、人工费、损耗费、税费和其他费用共8项。

运输费是购销商进行农产品运输所花费的费用，主要是购销商进货时的运输费用。购销商的运输方式大多为委托运输，也存在一部分自己运输。市场费是购销商向所属批发市场缴纳的各种费用，包括摊位费、进场费、交易手续费和市场管理费等。储藏费是购销商因货物暂时未售出或者囤货以待高价等原因进行产品储藏时所需的费用，主要包括冷库和仓库的租金和运行维护费用等。分级包装费是购销商对农产品进行分级整理、分拣包装时所花费的成本，主要是包装材料费。人工费是购销商的雇工费用，包含长期雇工费和短期雇工费。农产品的收购、自运、装卸、储藏、质量分级、分拣包装、销售等一系列活动大多需要人工，其中购销商支付的人工费均在此项反映。损耗费是购销活动中由于农产品损耗造成的费用。税费是购销商向政府缴纳的相关税收金额。其他费用包括通信费（手机费、上网费用）、代理费（给收购等代理商的费用）、办公费（差旅费、水电费等）、客户关系和产品宣传支出等费用。

根据购销商的总体数据测算可得，农产品购销价差中，利润是最大的组成部分，占比高达50.72%。除利润外，占比最大的是运输费，达到18.44%；市场费也较高，为9.68%。其次为人工费和分级包装费，占比分别为5.22%和4.29%。其余费用占比较低，损耗费、储藏费、其他费用和税费，占比依次为3.29%、3.19%、2.76%和2.41%（表2）。

表2 不同品类农产品购销价差成分构成

单位：元/吨

	价差	利润	运输费	市场费	储藏费	分级包装费	人工费	损耗费	税费	其他费用
整体	641.86	325.55	118.35	62.10	20.49	27.53	33.49	21.14	15.48	17.72
占比（%）	100	50.72	18.44	9.68	3.19	4.29	5.22	3.29	2.41	2.76
蔬菜	433.82	173.78	106.49	50.53	12.49	21.42	26.58	17.90	12.08	12.56
占比（%）	100	40.06	24.55	11.65	2.88	4.94	6.13	4.13	2.78	2.89
水果	1 069.15	499.33	201.28	112.76	42.04	72.80	50.96	22.57	41.94	25.45
占比（%）	100	46.70	18.83	10.55	3.93	6.81	4.77	2.11	3.92	2.38
肉类	2 163.64	1 255.90	247.06	232.05	88.77	10.40	128.11	104.70	24.46	72.18
占比（%）	100	58.05	11.42	10.72	4.10	0.48	5.92	4.84	1.13	3.34
水产	2 014.00	1 460.01	164.28	92.54	93.70	12.10	72.50	67.05	13.11	38.71
占比（%）	100	72.49	8.16	4.59	4.65	0.60	3.60	3.33	0.65	1.92
粮食	557.67	362.89	60.88	41.94	13.41	11.38	24.55	10.60	11.01	21.00
占比（%）	100	65.07	10.92	7.52	2.40	2.04	4.40	1.90	1.97	3.77
干货	23 517.84	18 565.68	877.26	1 038.02	283.72	992.26	779.53	210.02	58.44	712.92
占比（%）	100	78.94	3.73	4.41	1.21	4.22	3.31	0.89	0.25	3.03

注：根据作者的问卷调查数据计算。

由此可见，购销价差中，购销商留存利润占很大比例，超过50%。但这并不能说明购销商获利多，因为上面算得的购销利润率并不高，不足10%。运输费占比接近20%，在一定程度上反映出批发市场发挥了农产品流通的重要任务，使得农产品在不同地区之间得以流通，从而消费者可以购买到千里之外的农产品。市场费用占比接近10%，反映出为购销商提供交易场所及服务的批发市场在农产品购销中带来近10%的加价费用（图2）。

不同品类之间农产品购销价差的构成也存在着显著差异。购销价差中的利润占比，蔬菜、水果不足50%，分别为40.06%和46.70%，而干货、水产则分别高达78.94%和72.49%。干货在购销价差中利润占比高，购销利润率也高，而水产不同，虽然水产在购销价差中利润占比高，但其购销利润率只有10%（表2）。

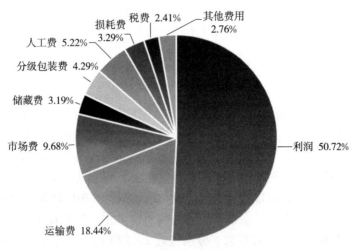

图 2　农产品购销价差成分的构成

注：根据作者的问卷调查数据计算绘制。

再来看各项流通费用在购销价差中的占比情况。各品类农产品的购销价差中占比前 5 位的流通费用，蔬菜是运输费、市场费、人工费、分级包装费、损耗费，占比分别为 24.55%、11.65%、6.13%、4.94%、4.13%。水果是运输费、市场费、分级包装费、人工费、储藏费，占比分别为 18.83%、10.55%、6.81%、4.77%、3.93%。肉类是运输费、市场费、人工费、损耗费、储藏费，占比分别为 11.42%、10.72%、5.92%、4.84%、4.10%。水产是运输费、储藏费、市场费、人工费、损耗费，占比分别为 8.16%、4.65%、4.59%、3.60%、3.33%。粮食是运输费、市场费、人工费、其他费用、储藏费，占比分别为 10.92%、7.52%、4.40%、3.77%、2.40%。干货是市场费、分级包装费、运输费、人工费、其他费用，占比分别为 4.41%、4.22%、3.73%、3.31%、3.03%（表 2）。

运输费占比，除干货只占 3.73% 外，都是运输费占比最高，其中蔬菜的运输费占比接近 25%，水果接近 20%，其余均为 10% 左右。干货运输费占比低，一方面由于干货样本中茶叶占很大比例，而调研的昆明雄达茶城为产地批发市场，直接从当地收购茶叶，没有长距离运输；另一方面由于干货不同于蔬菜、水果、肉类、水产等生鲜农产品，不需要冷链运输，单位距离运输成本低。蔬菜、水果运输费占比高，主要是由于不同地区之间生产的蔬菜、水果不同，而消费者对不同品类的蔬菜、水果的需求很大，因此蔬菜、水果的跨地区、长距离运输就十分普遍（表 2）。

市场费占比，蔬菜、水果、肉类均在 10% 左右，粮食为 7.52%，这些品类的市场费都是占比排名第二的流通费用。而水产、干货的市场费占比则较低，约为 4.5%。

储藏费占比，水产、肉类、水果较高，分别为 4.65%、4.10% 和 3.93%，其次为蔬菜、粮食，分别为 2.88%、2.40%，干货很低，只有 1.21%。这是由于水产、肉类、水果和蔬菜都是较难储藏的品种，尤其是水产，鲜活水产和冷冻冷藏水产的储藏成本都很高，而粮食和干货则耐储藏，不易变质。

分级包装费占比，水果最高，为 6.81%，其次为蔬菜、干货，占比分别为 4.94%、

4.22%，粮食很低，为 2.04%，而水产、肉类更是低至 0.60% 和 0.48%。这是由于水果、蔬菜、干货对分级包装的要求相对于水产和肉类而言较高。

四、结　论

本文利用全国 13 个省份农产品批发市场 663 家购销商 2013 年的问卷调查数据，测度了农产品的购销价差，并对其成分构成进行了分析，得到的主要结论为：①农产品总体购销价差率为 18.53%，其中，流通利润率和销售利润率分别为 9.13% 和 9.40%。②不同品类的农产品购销价差率不同。干货的购销价差率显著高于其他品类，高达 37.95%；蔬菜、水果购销价差率较高，而粮食、水产、肉类的购销价差率则较低。除干货外，经营其他品类的购销商利润率均不高。③农产品总体购销价差中，购销商留存利润占很大比例，约为 50%。运输费和市场费占比较大，分别接近 20% 和 10%。④不同品类的农产品购销价差的构成存在着显著差异，这与农产品自身特性、购销商流通活动以及批发市场情况等多种因素相关。

参考文献

孙侠，张闯，2008. 我国农产品流通的成本构成与利益分配——基于大连蔬菜流通的案例研究 [J]. 农业经济问题（2）：39-48.

王学真，刘中会，周涛，2005. 蔬菜从山东寿光生产者到北京最终消费者流通费用的调查与思考 [J]. 中国农村经济（4）：66-72.

杜娟，赵慧峰，2013. 基于解释结构模型的蔬菜"最后一公里"价格影响因素分析 [J]. 贵州农业科学（4）：147-150.

张浩，孙庆莉，安玉发，2009. 中国主要农产品批发市场的效率评价 [J]. 中国农村经济（10）：51-57.

第四部分

农民收入与人情消费

城镇化、工业化与农民收入增长关系与区域差异[①]

——基于中国省际面板数据的分析

王 月 霍学喜

（西北农林科技大学西部农村发展研究中心）

摘　要： 何种因素制约农民收入增长？这个问题对于制定经济政策，实现城乡协调发展十分重要。本文运用 PVAR 模型对中国各个省域的农民收入增长进行了分析，发现各省域间存在显著的增长差异，且这一差异呈现出明显的空间效应。为检验农民收入增长与城镇化、工业化间的相关关系，我们进一步进行了脉冲响应和方差分解分析。结果显示，城镇化、工业化对农民收入增长具有显著影响，工业化水平的提高虽然在初期会促进农民收入增长，但其作用在长期内逐渐消减；与一些研究文献的结论不同，本文在控制主要因素后发现，城镇化虽然在初期会促进农民收入增长，但在长期范围内，城镇化会对农民收入产生负向冲击，粗放式的城镇化发展模式将导致抑制农民收入增长。

关键词： 农民收入　工业化　城镇化　PVAR 模型

一、引　言

农业问题是当今中国面临的诸多重大问题之一，也是解决其他许多社会问题的基础。虽然中国农民连续 13 年增产，连续 13 年增收，但相对于城镇居民收入与经济发展水平而言，作为全球第二大经济体，中国农民收入增长率显著不足。农民收入偏低，增收偏难，是相对于城镇居民收入而言的。城镇化、工业化的推进是否能够促进农民收入增长，其收入效应有多强？农民收入增长又会对城镇化、工业化的进程产生何种影响？同时，在城镇化、工业化发展的不同阶段，其对农民收入增长的影响表现是否相同？对这些问题的回答需要我们对中国工业化、城镇化与农民收入增长之间的动态关系进行深入的实证分析研究从而为中国农民收入未来持续增长的路径选择和具体经济政策的实施提供支撑。作为研究者深入思考分析解答这些研究命题，既是理论研究的需要，也是现实提供政策建议的基础。

以往研究农民收入增长的文献主要集中在 3 个方面：其一，主要研究金融发展与农民收入增长的关系，如朱德利（2014）利用协整检验和 VEC 模型对农村金融发展与农民收入增长进行了实证分析，潘海英、宋焕、胡旸阳和王玉（2013）研究长三角地区农村金融发展与农民收入增长的关系，宋冬林和李海峰（2011）基于 1978—2009 年的数据对农村金融发展与农民收入增长进行实证研究，还有余新平、熊皛白和熊德平运用 1978—2008

① 基金项目：国家现代农业产业技术体系建设项目（编号：CARS-28）资助。

年的相关数据对农村金融发展与农民收入增长之间的关系进行实证分析；其二，主要研究财政支出与农民收入增长的关系，如茆晓颖和成涛林（2014）基于全口径财政支农支出的面板数据实证的分析财政支农支出结构对农民收入的影响，李星和王艺明（2010）通过增长因素分析法和边际收益法研究财政支农支出与农业产出的关系，陈安平和杜金沛（2010）通过 GMM 估计方法分析了财政支农与城乡收入差距；其三，主要研究人力资本对农民收入增长的影响，如姚旭兵、罗光强和黄毅（2015）从区域异质的角度研究了农村人力资本与农民收入增长的关系，刘晗和曹祖文（2012）通过构建包含基础设施投资、人力资本等生产函数对农业经济增长的因素进行研究，张士斌、孙小兵和李晓瑜（2011）通过实证分析得出可以通过加强人力资本投资而提高农民收入。

综上所述，鲜有运用空间计量经济学、面板 VAR 模型的方法来定量分析工业化、城镇化和农民收入增长三者之间动态关系的文献，本文首先运用空间计量模型从全国层面的农民收入增长、城镇化以及工业化的区域差异与省际特点进行分析，之后利用中国工业化、城镇化、农民收入的面板数据，运用 Eviews 8.0、Stata 13.0 建立面板 VAR 模型，对中国工业化、城镇化和农民收入增长三者之间的动态关系进行定量研究，验证工业化、城镇化对中国农民收入的影响是否显著。

二、城镇化、工业化与农民收入的空间差异分析

农民收入的空间差异是指不同区域、不同省份、不同城市之间的农民收入水平存在明显差距。收入最高的梯队成员即为上海、浙江、北京 3 个发达的省份，天津、江苏、广东等紧随其后，收入最低的省份为青海、甘肃等西部落后地区。从东、中、西三大区域来看，东部地区的农民收入水平最高为 21 191.64 元，中部地区次之为 10 060.17 元，西部地区最低为 9 347.74 元，东部与西部的农民收入水平相差约 11 843.9 元。可见，在三大区域之间农民收入水平存在明显的空间差异。农民收入水平呈现出自东向西递减的空间分布，农民收入较高的地区主要位于北京、上海、浙江、江苏、天津等东部沿海区域，农民收入中等的区域位于中部和东北地区，而收入水平偏低的区域则集中分布于广大的西部地区。各区域间农民收入的差距过大，必然影响中国国民经济发展的整体水平，甚至导致一系列的社会问题，因此，研究影响农民收入增长的因素，彻底改变农民收入增长缓慢的现状成为目前"三农"问题的核心。

农民人均纯收入的空间差异性非常显著，各个区域之间的农民收入水平差距明显。这种空间区域分布的特征十分明显，呈现东高西低、从东南沿海向西部内陆地区递减的趋势。由于中国地域差异较大，各省的农村发展情况不尽相同。为了体现农民收入水平空间差异性，本文统计 2005—2014 年全国各省份的农村居民纯收入数据发现中国农民人均纯收入地区差异十分显著。通过分省的工业化水平与城镇化区域差异的比较，农民人均纯收入结构分布与分省的城镇化水平、工业化水平结构基本一致，表明中国农民收入与城镇化水平及工业化进程间存在较强的相关性。

平行坐标图（PCP）是一种数据可视化技术，通常用于对高维几何和多元数据的可视化，在不损失信息的状态下将多维数据点映射成为平面上的折线，可以从微观角度辨别要素组合结构特点。绘出 FIG、IND、URB 3 个主因子平行坐标图（图 1），观察坐标轴之

间的折线分布，折线的斜率分布较集中，说明城镇化水平和工业化程度较高，其农民收入增长率也较高。主因子 2（URB）和主因子 3（IND）除部分离群值外，整体差异较小，这种变化趋势表明各省份农民收入增长率存在空间差异性，在某种程度上可能是城镇化、工业化水平不同的影响结果。

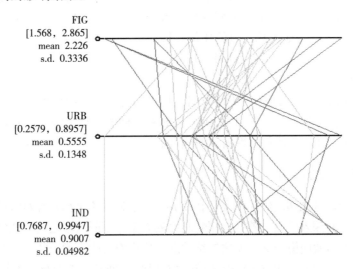

图 1　农民收入增长率与中国工业化、城镇化的平行坐标

资料来源：中国统计年鉴（2005—2014）。

三、面板模型建立及分析

本节我们将通过建立面板 VAR 模型的方法实证研究工业化、城镇化和农民收入增长三者之间的动态关系。本节利用中国工业化、城镇化、农民收入的面板数据，运用 Eviews 8.0、Stata 13.0 建立面板 VAR 模型，对 2005—2014 年 31 个省份的工业化、城镇化和农民收入增长的动态关系进行实证分析，查证工业化、城镇化对中国农民收入的影响是否显著。下面再从全国层面上具体分析城镇化、工业化和农民收入之间的动态关系。

（一）数据来源及处理

1. 农民收入增长率指标

在工业化、城镇化与农民收入增长的动态关系研究中，农民收入增长率指标可用农村居民家庭人均纯收入增长率来表示，即：

$$FIG = (I_t - I_{t-1})/I_{t-1} \tag{1}$$

式中，I_t 为本年度农村居民人均纯收入；I_{t-1} 为上年度农村居民人均纯收入。

2. 工业化水平指标

工业化发展水平可以用工业化率来衡量，工业化率是表示工业化发展水平的一个重要参考指标，是指国民经济中工业所起主导作用的程度。本文采用第二产业与第三产业的增加值和国内生产总值（GDP）的比例来衡量工业化发展水平，即：

$$IND = AI/GDP \times 100\% \qquad (2)$$

式中，AI 为第二、第三产业增加值；GDP 为国内生产总值。

3. 城镇化水平指标

在衡量城镇化发展水平时，我们采取城镇化率这一指标来衡量。城镇化率反映了地区人口向城镇聚集的程度，是指某一区域内城镇人口占总人口的比例。因而，本文采用的城镇化率是年末城镇人口占地区总人口的比例，即：

$$URB = U/P \times 100\% \qquad (3)$$

式中，U 为城市人口；P 为总人口。

本文研究采用的全国各地区的统计数据，均来自各年《中国统计年鉴》和《中国农村统计年鉴》，时间序列上取 2005—2014 年，考虑到数据的完整系统性，此处在截面单元上取中国 31 个省市，暂未考虑我国香港、澳门和台湾。

（二）PVAR 模型的建立

由于中国各个地区之间的经济状况存在差异，发展速度不平衡，在对农民人均收入、工业化和城镇化水平的深入研究上若只运用时间序列数据，不同区域之间的地区差异性势必会被忽略；若只考虑横截面模型又会无法连续动态地反应农民收入增长的变化趋势。为避免上述两个不足之处，本文通过建立 PVAR 模型对农民收入增长、工业化与城镇化三者之间的动态关系进行深入分析。由 Holtz-Eakin（1998）首次提出的 PVAR 模型即拥有 VAR 模型的优点，即通过正交化的脉冲响应函数能够分离出一个内生变量受其他变量冲击的响应程度；同时还可以引入个体效应和时间效应探求个体及时间异质性带来的不同影响，因此更适用于农民收入、工业化、城镇化三者之间的动态关系分析。PVAR 模型的建立首要条件是各个变量均为平稳序列，而且变量之间存在纵向协整关系。为消除数据中可能存在的异方差和避免因数据变化带来的剧烈波动，本文对 FIG、IND 及 URB 原数据做如下处理：

$$D = \ln(yi + 1) \qquad (4)$$

（三）实证检验

1. 平稳性检验

在进行单位根检验时首要的问题是滞后阶数的确定。本文根据 AIC、BIC、HQIC 信息准则确定模型的最优滞后阶数为 3，结果如表 1 所示。

表 1　模型最优滞后期确定

lag	AIC	BIC	HQIC
1	−9.292 8	−7.847 8	−8.711 1
2	−10.207 4	−8.478 5	−9.509 0
3	−10.592 5 *	−8.511 4 *	−9.749 2 *
4	−10.028	−7.495 1	−8.999 2
5	−7.990 8	−4.852 1	−6.715 8

资料来源：中国统计年鉴（2005—2014）。

　　由于经济领域中的大多数据是不平稳的，因此协整检验是建立回归模型的前提，没有协整关系的变量之间不能建立回归方程，因为可能存在伪回归。由于面板 VAR 模型既包括横截面数据也包括时间序列数据，所以在建立面板数据模型时也必须对面板数据进行协整检验，探究各变量之间是否存在纵向协整关系，各变量必须同阶单整是协整检验的前提条件，因此，首先要通过面板数据的单位根检验，判断各变量是否为平稳序列。面板数据单位根检验的常用方法有 Levin 检验、ADF 检验、PP 检验等，本文同时运用这 3 种方法进行检验，得到如表 2 所示的检验结果及 P 值。

表 2　Panel Data 单位根检验

变量	Levin 检验值	P 值	ADF 检验值	P 值	PP 检验值	P 值	结论
LFIG	−14.600 4	0.000 0	173.439	0.000 0	205.805	0.000 0	平稳
LIND	−47.803 3	0.000 0	154.182	0.000 0	208.377	0.000 0	平稳
LURB	−15.705 9	0.000 0	48.518 6	0.894 4	77.764 0	0.085 4	平稳

资料来源：中国统计年鉴（2005—2014）。

　　由表 2 可知 FIG、IND、URB 的水平序列都拒绝单位根检验的原假设，说明他们都是平稳的，即 LFIG、LIND、LURB 3 个序列均为平稳性序列，因此可以应用协整检验分析 FIG、URB、IND 三者之间是否存在长期均衡关系。

2. 协整检验

　　为满足 PVAR 模型的建模需要，平稳的面板数据还需进一步进行协整检验，从而表明各数据变量间存在协整关系，为深入探究各数据变量间存在长期动态关联关系提供保障。

表 3　Panel Data 协整检验

方法	统计量	统计量值	P 值
Pedroni 检验	Panel v	−2.420 8	0.992 3
	Panel rho	0.635 9	0.737 6
	Panel PP	−12.945 6	0.000 0
	Panel ADF	−9.804 2	0.000 0
	Group rho	3.104 7	0.999 0
	Group PP	−18.729 5	0.000 0
	Group ADF	−11.539 1	0.000 0
Kao 检验	ADF	−3.891 9	0.000 0

注：各数据变量在 5% 的显著性水平下接受检验。
资料来源：中国统计年鉴（2005—2014）。

　　从表 3 各数据变量的检验结果可以得出，Pedroni 检验的多数统计量，即 Panel PP 和 Panel ADF 统计量均表明面板数据变量存在协整关系，Group PP 和 Group ADF 统计量均表明面板数据具有异质性协整关系。Kao 检验中的 ADF 统计量也认为各数据变量之间存在明显的协整关系。因此，可以得出结论，PVAR 模型构建所涉及变量间均存在协整关系。

（四）面板数据估计及脉冲响应分析

经检验，所得 FIG、IND、URB 均为平稳的数据变量，而且三者通过了面板数据 Pedroni 和 Kao 协整检验，所以符合建立 PVAR 模型的前提条件。依据 AIC 判定准则，运用 Stata 13.0 经过多次尝试后确定最优滞后阶数为 3 阶，所以 FIG、URB、IND 3 个变量间的 PVAR 模型可以表示为：

$$y_{it} = \alpha_i + \beta_i + \alpha y_{(it-1)} + b y_{(it-2)} + c y_{(it-3)} + \varepsilon_{it} \quad i = 1, \cdots, 31; \ t = 1, \cdots, 10$$

(5)

式中，$y_i = \{FIG，IND，URB\}$ 是一个包含 3 个因变量的向量，而 a、b、c 系数矩阵是待估参数。该待估参数取决于各省际差异，而各省际区域农民收入增长率、工业化与城镇化间的动态关系可能是不尽相同的，所以模型假设各统计量具有区域异质性会使回归结果更有说服力。在估计模型（5）中参数时，首先要对待估模型进行差分以消除个体效应的影响，即 Helmert 转换（Arellano、Bover，1995）之后采用 GMM 方法进行回归分析，更为详尽的叙述参见 Inessa Love（2006）。建立 PVAR 模型并对模型进行 GMM 回归分析，所得到的回归结果如表 4 所示。

表 4　FIG 的 PVAR 模型 GMM 回归结果

变量	h_fig		h_ind		h_urb	
	b_GMM	t_GMM	b_GMM	t_GMM	b_GMM	t_GMM
L. h_fig	0.073 7	0.110 7	0.001 5	1.098 3	0.009 5	2.738 1
L. h_ind	41.992 7	31.955 5	0.374 0	0.925 3	−0.399 1	−0.360 5
L. h_urb	2.103 4	0.656 5	0.060 9	1.252 9	0.957 9	7.929 6
L2. h_fig	−0.027 3	−0.168 9	0.001 5	0.838 7	0.004 6	1.074 3
L2. h_ind	6.742 6	1.003 5	−0.083 8	−0.776 2	−0.046 4	−0.195 7
L2. h_urb	−3.207 1	−0.667 0	−0.062 9	−1.123 8	−0.071 2	−0.497 4
L3. h_fig	0.236 1	2.626 2	0.003 8	2.269 4	0.013 2	3.542 4 2
L3. h_ind	−18.721 6	−1.621 1	0.237 0	1.598 5	0.187 0	0.489 5
L3. h_urb	−1.065 2	−0.451 9	0.012 9	0.530 8	−0.076 7	−1.332 3

注：h_* 表示变量已经过 Helmert 转换。Li. h_* 表示相应变量的 i 阶滞后。
资料来源：中国统计年鉴（2005—2014）。

从表 4 可以看出，农民收入增长主要来自于工业化、城镇化的驱动效应，滞后 1 期的工业化和城镇化都对农民收入增长有较强的正冲击，但滞后 2 期的城镇化和滞后 3 期的工业化、城镇化则表现出负效应，可能的解释是：一方面城镇化的快速发展增加了用地需求。目前中国 31 个省份全年用地总需求量达到 1 616 万亩，大大超出年度计划用地 670 万亩。另外，31 个省份普遍反映计划用地指标不足，多数反映计划指标只能满足实际需求的 1/3。各省用地需求连续快速增加以致于土地供需矛盾日趋增长。另一方面，中国土地存在粗放、低效利用的情况。从利用效率看，中国国土经济密度，即每平方千米土地上承载的 GDP 约为美国的 1/5～1/4；韩国国土面积只有 9.9 万千米^2，与江苏、浙江两省面积相当，但其国土经济密度是江苏的 2.8 倍，是浙江的 4 倍。随着工业化、城镇化的步伐加快，中国面临着刘易斯拐点的到来，农村出现空心化的状况，使农村土地资源浪费并成为土地征收的障碍，落后的农村空心化将直接导致部分农民收入下降，必须统筹城乡发展。图 2 和表 5 显示出了脉冲响应及方差分解结果。

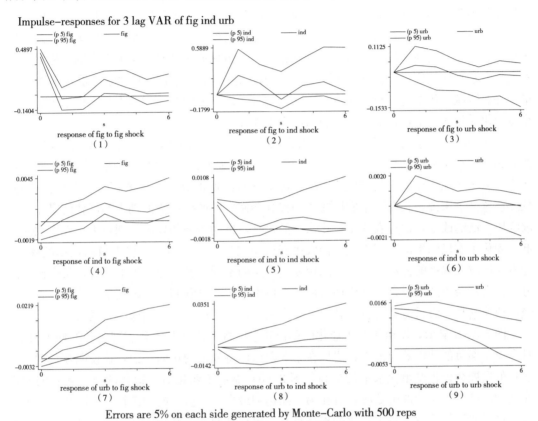

图 2 FIG、IND 与 URB 脉冲响应

资料来源：中国统计年鉴（2005—2014）。

从图 2（2）中可以看到，在期初农民收入增长率对工业化新息的扰动产生正的响应且冲击最大，其响应值为 0.241 3。紧接着有个微调回落，可以看出，回落之后 FIG 依旧保持正响应，这表现出工业化无论在长期还是短期内对农民收入增长都有促进作用，其作用从第六期开始减弱。图 2（3）显示在前 2 期，农民收入增长率对城镇化的单位新息扰动产生正的响应且快速减小为零。从第 3 期开始，农民收入增长对城镇化冲击产生的负向响应，且最大的负响应为第 4 期，其响应值为 -0.034 6，其后，响应持续保持着向正向发展。从经济意义上来说，在初期，工业化、城镇化水平的发展对提高农业产业规模化和集约化水平，提高第二、第三产业的占比，整合乡镇企业，加快转移农村富余劳动力，调整产业结构，增大农产品市场需求，这些对农民收入水平的提高起到了显著的作用。期初，城镇化建设有利于农民收入水平的提高，改善城乡差距。但在长期内，城镇化会对农民收入增长产生负向冲击。一方面，农村地区的人才和资金等资源在中国城镇化进程中被过多汲取，但农业和农村的现代化进程并未得到推动，农村地区的基础建设依然滞后于城镇、农民收入增长速度依然缓慢；另一方面，2.6亿人在城镇长期就业，成为城镇常住人口的农民工，尚未实现城镇化，以市民的身份在城镇定居，他们中的大多数并未得到公平的城镇公共服务和社会保障待遇，这种现象实质上为不公平的收入分配。农民土地是城镇化的财富来源，但农民本身却不是受益者。不合理的土地增值收入分配结构将直接导致农村特殊贫困阶层不断扩大，城乡收入差距和贫富差距进一步扩大，不利于农村人口市民化。该现象在一定程度上表明了中国目前城镇化发展模式的不当。总之，中国粗放式的城镇化发展模式与提高经济发展水平的理念相悖，城镇化通过农村富余劳动力的转移来增加农民收入水平的效应尚未完全显现，究其原因，是中国城镇化发展过分注重效率而非质量，并非因城镇化本身。长远来看，在深入推进城镇化的同时，加速农村人口市民化，注重城镇化质量和水平，是提高农民收入的根本途径。

图2（4）显示，第1期工业化对农民收入增长产生负响应，在第2期向正向发展，而后逐渐增长呈平稳趋势。图2（7）显示，第1期城镇化对农民收入增长的新息冲击负响应，从第2期单位新息的农民收入增长冲击开始出现正效应并逐渐增长趋于平稳趋势。从经济意义上来说，长期以来农民收入的提高会使农民产生投资的动力和消费的攀比，追求物质生活的改变，促进农业工业化水平的提高，推动经济的发展。期初由于农民收入过低，固化了农民的生活生产方式，使农民安居于农村，无法实现农村人口向城镇的聚集。随着农民收入水平的提高，既会消除短期内产生的不利于城镇化发展的因素，又会使一部分农民有富余资产来投资，从而使人们扩大再生产，追求利润，产生消费模仿效应，拉动经济快速增长，农村劳动力自由转移，非农人口增加，城镇化率相应快速增长。

图2（8）显示，城镇化对工业化的单位新息的扰动从一开始就表现为负的冲击效果，且在第1期负的冲击效应最大，之后在第3期后保持稳定的正向收敛，这说明在长期内工业化的发展会促进城镇化水平的提高。图2（6）显示工业化对城镇化的单位新息的冲击在期初时产生正向的冲击效应，且在第1期达到最大，而后正的冲击快速下降直至接近于零。这说明城镇化发展对工业化的提高具有一定程度的冲击影响。从经济意义上来说，农村富余劳动力随着工业化水平的提高开始向非农产业转移，一部分非农就业人口向城镇发生地域转移，带动了城镇人口比例的增长，进而推动了城镇化进程。城镇周边的各种资源要素在城镇增长极和聚集体的极化和扩散作用下，带动相关产业的发展和升级，推动工业化水平的提高。工业化和城镇化长期以来相互促进、相互推进。通过工业化推动城镇化，城镇化带动工业化，加速农村富余劳动力向非农产业的转移，是加快农民收入，走新型城镇化、工业化的关键所在。

表5　panel data 方差分解

变量	时期	Dfig 收入增长差距	Dind 工业化	Durb 城镇化
Dfig	10	0.652 9	0.331 5	0.015 5
Dind	10	0.197 1	0.786 6	0.016 3
Durb	10	0.378 5	0.188 8	0.432 7
Dfig	20	0.646 6	0.332 5	0.020 9

（续）

变量	时期	Dfig 收入增长差距	Dind 工业化	Durb 城镇化
Dind	20	0.201 9	0.770 2	0.027 9
Durb	20	0.365 9	0.261 0	0.373 1
Dfig	30	0.646 6	0.332 5	0.020 9
Dind	30	0.202 1	0.769 3	0.028 6
Durb	30	0.365 5	0.260 9	0.373 6

注：D 表示各相应变量的方差。

资料来源：中国统计年鉴（2005—2014）。

表 5 显示农民收入增长期初受到来自于工业化、城镇化和自身的波动的冲击影响，此后经历各自上升和下降趋势后，预测方差贡献度在第 30 期分别稳定在 2.09％、33.25％和 64.66％左右。工业化水平在开始时受农民收入增长、城镇化和自身扰动项波动冲击的影响，但其自身贡献度呈下降趋势，在长期内，城镇化水平和农民收入增长对工业化的预测误差的贡献度开始显现，并且呈现逐渐增大的趋势。城镇化水平从一开始就受到农民收入增长和工业化水平和自身波动的冲击，之后经过工业化冲击明显上升和自身波动影响下降态势后，预测方差贡献度在第 30 期分别稳定在 36.55％、26.09％和 37.36％左右。

四、结论与建议

（一）结论

本文通过梳理国内外有关农民收入增长、城镇化、工业化的理论，首先对农民收入、工业化、城镇化的东、中、西空间差异进行分析，紧接着从全国层面就城镇化、工业化对中国农民收入增长的影响进行实证检验。实证检验部分首先从全国 2005—2014 年 31 个省市的省际面板数据出发，运用基于面板 VAR 模型的回归分析、协整理论、脉冲响应和方差分解等计量经济学方法，从全国整体层面对城镇化、工业化、农民收入增长的动态关系进行分析，得出以下结论：

（1）中国工业化水平的发展与农民收入增长具有相互促进作用。随着工业化发展对劳动力需求的增加，农村富余劳动力逐渐转移，增加农民非农收入，而农民非农产业收入的提高使农民务工积极性得到增强，进一步推动工业化进程。并且模型结果表明，城镇化对农民收入的促进效应比工业化水平低，足以证明工业化发展在短期内的收入效应更明显。

（2）初期城镇化的发展会对农民收入产生促进作用，但长期内，由于中国城镇化发展过分注重效率而非质量，粗放式的城镇化发展模式会抑制农民收入增长。期初农民收入水平过低固化了农民的生产生活方式，无法实现农村人口向城镇的聚集，不利于城镇化水平的提高。但在长期内随着农民收入水平提高到适度水平会促进城镇化发展进程。

（3）工业化虽然在初期并没有对城镇化水平的发展产生正向冲击，但在长期内工业化水平的发展会对城镇化的提高起到强有力的促进和带动作用，城镇化长期内会促进农业工业化进程，农业工业化和农村城镇化将会互相促进和推动。

（二）建议

城镇化、工业化和农业的现代化在逻辑上是互促共进的良性互动关系，农民收入增长不仅依靠农业自身的发展，同时，也取决于城镇化、工业化发展中获取的非农收入增长。因此，在积极推进工业化、城镇化、农业现代化的进程中，需要制定和探索更为合理的政策来促进农民增收，避免发展中的短板。

1. 实现农业工业化，发展特色农业

实现农业工业化来提高农民收入。中国农业历史上长期处于"过密化"的状态，农业产出的增长是靠单位劳动的超量投入来实现，农业就业的报酬维持在很低的水平。目前中国农业人口数量仍很大，人均耕作面积仍然很少。从《2014中国国土资源公报》上数据的显示，到2013年年底，全国耕地面积共有20.27亿亩，按照当前6亿多的中国农村人口测算，人均耕地面积仅为3亩多。由此看来，1亿多农户经营着户均十来亩地的小规模农业是中国农业的基本面，这个基本面在短时间内很难发生质的改变。那么，在高度城镇化实现之前，难道农业发展只能维持现状，农业收入只能保持低位？农业工业化是指传统农业向现代工业的推进即实现农业现代化，随着农业现代化的推进，非农业产值比例正逐渐上升和农业产值比例进一步下降，农业富余劳动力从农业部门向非农产业部门的转移速度加快。从"以粮为纲"转向粮食－蔬菜－肉鱼并重。应当因地制宜地将粮食与蔬菜或水果结合起来，或发展种植与养殖结合的小农农场。国民食品消费结构转型外加人口增长减缓以及大规模非农就业，在这"三大历史性变迁的交汇"背景下，中国农业的隐性失业问题将会得到改善，农民收入水平加速增长，使得长期内困扰的农民低收入和农村劳动力过剩的问题得到缓解。特色农业的发展不仅提高了农民的农业收入，还带来了本地农产品加工业、商贸集散运输行业，乃至整个餐饮零售服务行业的联动发展，形成良性的经济社会生态。而这正是城镇发展、聚集人气的产业基础。

2. 坚持省际区域差异政策，促进城镇化进程的合理发展

农民收入水平和城镇化分位图表明，中国东、中、西三个区域的农民收入水平和城镇化水平都具有明显的差异性，所以政府在制定政策时不宜一刀切，应考虑根据不同地区的发展特点制定差异化政策。各省际的农民收入空间差异图也显示农民收入水平在东部经济较发达省份普遍较高，而西部经济相对落后省份的农民收入水平较低。当前可以借鉴德国的"去中心化"发展模式，削弱大城市的"资源中心"地位，坚持区域城乡同质性原则，行政资源、社会公共产品和服务的均衡分布原则，使得各地区的经济得以平衡发展，使工业化进程中的"城市病"得到有效缓解。当前中国正处于城镇化快速发展时期，应着重解决好现有"三个1亿人"问题，促进大约1亿农业转移人口落户城镇，改造大约1亿人居住的城镇棚户区和城中村，引导大约1亿人在中西部地区就近城镇化。因此，应当将各区域发展的不平衡因素考虑在内，才能从整体上提高农民收入水平。推进西部经济发展，缓解经济发展的区域差异性，将有利于提高农民整体收入水平。

3. 多渠道增加东部地区农民收入水平

收入分配改革作为增加农民收入的重点被提及，并且伴随着"新型城镇化"概念的提出。虽然在初期城镇化水平的推进可以促进农民收入水平的提高，但其推动效应作用在不

断下降，所以应当综合考虑通过其他有效途径增加农民收入。具体包括：第一，适当调整农业产业结构，如：推进农业产业化发展，优化产业布局，使农业的综合效益得到提高；第二，对农业生产必要的政策补助与支持要到位，为农业提供优良的政策制度与环境；第三，加速转移农村富余劳动力。通过农民的劳务输出，将农村富余劳动力转移到城镇，使城镇经济在发展的同时，农村就业的渠道得到拓展，从而使农民收入水平与个人素质得到全面提升。

4. 土地制度改革

随着经济社会发展方式的转变，土地作为一种生产要素参与经济生产的重要性逐渐下降，由于土地资源的稀缺性与有限性，农民通过土地来生产产品从而提高其收入水平的难度不断加大。所以，必须打破土地对农民的束缚，解放农村劳动力，使其入住城市并成为城镇化建设的一员。玉米价格大幅度下降，麦收在即，种完小麦种什么？结构调整成为阻碍农民收入的重要方面，帮助新型主体和农民渡过难关，让会种地、能种地的不吃亏，农民增收才有希望。土地流转要顺其自然，要适度，与农村劳动力的非农转移就业相适应。实现适度规模经营，不只是土地流转的一种方式。依托社会化服务体系，采取土地托管、代种等方式，也可以带动广大普通农户，既能发挥一家一户的"精耕细作"，也能实现规模化、专业化生产，是今后的一个发展方向。在粮食价格市场化改革过程中，解决"谁来种地"的问题，从根本上要推进农业供给侧结构性改革，发挥政府和市场两个积极性，扶持合作社、种粮大户等新型经营主体发展壮大，补上农业社会化服务这块短板。

参考文献

陈安平，杜金沛，2010. 中国的财政支出与城乡收入差距 [J]. 统计研究，11：34-39.

高铁梅，2009. 计量经济分析方法与建模：EViews 应用及实例 [M]. 2 版. 北京：清华大学出版社.

韩启民，2016. "不离土不离乡"的城镇化，怎么实现？[EB/OL].[2016-05-17]. http：//toutiao.com/i6285475443327894018/.

黄海峰，邱茂宏，2014. 城乡金融非均衡性及其对城乡居民收入差距的影响研究 [J]. 农村经济，11：73-78.

蒋尉，徐杰，2015. 德国"去中心化"的城镇发展模式值得借鉴 [J]. 国家行政学院学报（5）：113-116.

李星，王艺明，2010. 地方财政支农支出对我国农业产出影响的实证研究——基于全国 26 省 2000—2007 年面板数据 [J]. 开发研究，5：25-28.

刘晗，曹祖文，2012. 基础设施投资、人力资本积累与农业经济增长 [J]. 经济问题探索，12：84-90.

马荣华，蒲英霞，马晓冬，2007. GIS 空间关联模式发现 [M]. 北京：科学出版社.

茆晓颖，成涛林，2014. 财政支农支出结构与农民收入的实证分析——基于全口径财政支农支出 2010—2012 年江苏省 13 个市面板数据 [J]. 财政研究，12：68-71.

潘海英，宋焕，胡旸阳，等，2013. 长三角地区农村金融发展对农民收入增长影响研究 [J]. 财贸研究，5：46-54.

秦川，2011. 可持续发展的天津城市空间战略研究 [D]. 天津：南开大学.

宋冬林，李海峰，2011. 中国农村金融发展与农民收入增长的实证研究——基于 1978—2009 年的数据检验 [J]. 经济问题，10：80-84.

吴振信，李林鹏，刘亚清，等，2015. 技术差距、资本深化与中国区域经济差距——来自面板数据 VAR 模型的证据 [J]. 工业技术经济（8）.

姚旭兵，罗光强，黄毅，2015. 区域异质性：农村人力资本与农民收入增长［J］. 华南农业大学学报·
    社会科学版，3：79-91.

余新平，熊皛白，熊德平，2010. 中国农村金融发展与农民收入增长［J］. 中国农村经济，6：77-86，96.

张士斌，孙小兵，李晓瑜，2011. 多种要素对农民收入增长影响的研究［J］. 经济问题探索，6：69-72.

张晓峒，2009. 应用数量经济学［M］. 北京：机械工业出版社.

朱德莉，2014. 我国农村金融发展对农民收入增长的影响研究——基于协整检验和 VEC 模型的实证分析
    ［J］. 农村经济，11：92-97.

Arellano M，Bover O，1995. Another Look at the Instrumental Vaninable Estimation of Error Component
    Models ［J］. Joumal of Econometrics，68：29-51.

Douglas Holtz-Eakin，Whitney Newey，Harvey S1 Rosen，1998. Estimating Vector Autoregressionswith
    Panel Date ［J］. Econometrica，6（56）：1371-1395.

Inessa love，LeaZicchino，2006. Financial Development and Dynamic Investment Behaviour：Evidence
    from Panel VAR ［J］. The Quarterly Review of Economics and Finance，46：190-210.

精准扶贫视角下的农村居民人情消费[①]

王凤婷[1]　刘　强[2]　熊立春[3]

（1. 中国农业大学　2. 浙江大学　3. 北京林业大学）

摘　要： 本文基于浙江省集体林区 16 村 192 农户数据，在精准脱贫的背景下以山区林农为研究对象，在分析林农家庭人情消费特点和现状的基础上，定量分析农村居民人情消费的示范效应收入水平对家庭人情消费支出的非线性影响。研究结论表明：①家庭可支配收入、家庭所在村户均收入平均水平对家庭人情消费支出有显著影响；②农村居民家庭人情消费支出有明显的内部示范效应；③人情消费支出对家庭发展型消费有较强的挤占效应。研究认为要健全农村金融市场和增强农村金融机构支持"三农"的力度，降低农村居民对人情消费的过度依赖，提高农村居民人力资本投资积极性，借助人力资本积累打赢脱贫攻坚战。

关键词： 人情消费　示范效应　收入差距　人力资本

一、引　言

近年来，人情消费占比超过了家庭发展型消费，人情消费的增长速度已远超居民收入的增速，人情消费支出已经成为居民的一种经济负担和心理负担。集体林区大多地处偏远山区，经济社会发展相对落后，是精准扶贫的重要区域，到 2020 年全面实现小康社会目标的实现，要求减贫脱贫 7 017 万人，农村过高人情消费限制了林农生计的发展，对林农脱贫和可持续发展有较大的阻碍作用。在多元文化和价值观念的冲击下，原来单纯用来表达情感的人情消费被工具化，人情消费支出增长迅猛，占家庭收入比例大，已成为农民的一种负担（罗冬冬、苏露露，2014；李晓青，2012）。中国家庭金融调查与研究中心（CHFS）数据显示，2010 年中国农村家庭人情消费支出为 3 818 元，占可支配比高达17.1%，中国百村观察 2012 年调查数据表明 2009—2011 年年均人情消费增长率为 7%，Chen 等对贵州 3 个村研究指出 2005—2009 年人均人情消费支出增长率为 18%～45%。除了中国学者发现在其他国家人们也将很高比例的收入用于人情消费支出，印度 Udaipur地区人们即使生活在每天 2 美元的贫困线以下仍将 10% 的收入用于节假日支出，而这一群体的人口比例高达 86%。在既定收入的前提下，过重的人情消费挤占农业生产、家庭发展型消费支出，进而在一定程度上限制了林农生计，影响了美丽乡村建设，阻碍了山林

---

① 作者：王凤婷（1989—），女，江苏宿迁人，博士，农村消费与发展，电话：15810168928，E-mail：wangft2016@cau. edu. cn；刘强，浙江大学中国农村发展研究院，博士，研究方向：农业经济. E-mail：niumeng119@126. com。
　基金项目：国家林业局重大调研项目（ZDWT-2013-13-2），浙江省大学生科技成果推广项目（新苗人计划）（项目编号：2015R412047）。

地区扶贫的进程，对全面建成小康社会战略目标有着负向影响。

人情消费支出为何居高不下，人情消费支出主要受何因素影响？Philip H. Brown 等（2011）在对贵州 3 个村落研究中提出农村收入较低的群体家庭人情消费活动铺张浪费现象严重，尤其是红白事。大多村民把相互往来的频繁程度以及礼金赠送的多少作为衡量红白喜事隆重与否、人缘好坏以及地位高低的标准（袁金辉，2011）。闫新华等（2016）从地位寻求角度得出收入差距扩大强化了高收入家庭增加人情支出的动机，由此引发的示范效应推高了中国农户人情支出的整体水平。田学斌和闫真（2011）借助交易费用范式提出人情消费普遍存在有助于降低交易成本，周广肃和马光荣（2015）基于关于人情消费影响因素的研究，胡俞（2013）对我国西部地区社会经济数据，得出社会网络对包括人情消费的总消费支出有显著影响；多数学者基于统计描述分析认为人情消费与家庭收入呈正相关（陈浩天，2011；金晓彤、陈艺妮、王新丽，2012），部分学者认为人情消费与家庭收入没有关系而与亲疏远近有关（刘军，2004）；李祥忠（2008）基于案例分析指出家庭类型对人情消费类型有影响，留守家庭更多的是以表达型人情消费为主，流动家庭更多的是以工具型人情消费为主，而半流动家庭则属于混合型。Philip H. Brown 等（2011）在对贵州 3 个行政村研究发现家庭中有 11～29 岁待婚嫁子女对人情消费支出有显著正向影响。吴林婧和刘澈元（2013）运用 Order Logit 模型研究得出户主的教育年限对人情消费支出有正向影响，但家庭人情消费支出以区间范围度量忽略了每个家庭的异质性。闫新华等（2016）基于 CHFS 数据以独立个体为研究对象，认为人情消费支出受收入差距和家庭规模影响，但人情消费是以家庭为单位的人际往来活动，人情消费支出的目的是家庭效用的最大化，只是用人均支出并不能反映家庭决策单元的消费活动。已有的农村居民家庭人情消费实证研究认为收入水平、教育、家庭网络、家庭规模等对人情消费有显著影响，但较少考虑人情消费的内部示范效应。经济学家 Duesenberry（1949）提出相对收入假定，认为消费者的消费支出不仅受其自身收入的影响，而且也受周围人的消费及收入与消费相互关系的影响，将这种消费的特征称其为"示范性"。郭亚帆和曹景林（2015）发现农村居民消费地区上是非独立的，在消费方面的效仿和攀比，即消费存在内部的示范效应。人情消费作为农村消费的重要内容其具备消费的基本特征，农村攀比消费普遍存在，进而促使村民之间人情消费往来形成"你高我更高"的示范效应。农村人情消费是否存在示范效应，该效应的背后机制是什么？此外，针对山区林农人情消费的研究较为缺乏，因此，探究人情消费对农村居民贫困发生的影响显得尤为重要。

有鉴于此，本研究以浙江省为例，基于浙江省集体林区 4 县市 8 乡 16 村 192 户实地农户调查数据，以家庭为单位，在比较分析不同县市家庭人情消费支出状况的基础上，通过建立计量经济学模型分析，探究农村居民家庭人情消费居高不下的原因，以期为促进农村人情消费合理化，改善林农生计，为新农村建设提供决策参考，为山林区扶贫和全面建成小康社会做出贡献。

二、数据来源与说明

本文 2014 年采用分层随机抽样方法，以浙江省 53 个林区县（市）为总体，抽取临安、开化、龙泉、永康 4 个样本县（市），在每个县（市）抽取 2 个乡镇，每个乡镇抽取 2 个村庄，每个村庄抽取 12 个样本农户，共计 8 个乡（镇）、16 个样本村、192 户样本农户。表 1 为调查对象样本点分布情况。

表 1　样本点分布情况

样本点	开化		临安		龙泉		永康		合计
	张湾	马金	板桥	太阳	道太	查田	前仓	花街	
村	2	2	2	2	2	2	2	2	16
农户	24	24	24	24	24	24	24	24	192

注：数据来自问卷访谈整理。

表 2 为 4 个样本县（市）的主要经济社会发展指标。从官方统计指标来看，2013 年 4 个样本县（市）农村居民人均纯收入平均为 13 691 元，总体上低于浙江全省的农村居民人均纯收入 16 106 元的水平，这与林业县（市）主要分布于山区，经济社会发展相对落后的事实是相符的。另外，从分样本县（市）看，临安高于浙江省农村平均水平，永康接近浙江农村平均水平，开化和龙泉低于浙江农村平均水平，因此本研究抽取的样本县（市）具有较好的代表性。

表 2　2013 年样本县（市）主要经济社会指标

地区	人口（万人）	面积（万公顷）	农村居民人均纯收入（元）	财政收入（亿元）	人均 GDP（元）	三次产业比例
开化	35.6	22.2	10 594	9.21	26 672	15∶50∶35
临安	52.6	31.3	17 561	48.64	77 726	9∶55∶36
龙泉	28.9	30.6	10 365	8.52	33 184	13∶47∶40
永康	58.3	10.5	16 243	61.39	72 547	2∶62∶36
四县平均	43.9	23.6	14 417	31.94	52 532	10∶53∶37

注：数据来自《浙江统计年鉴 2014》，农村居民人均纯收入指标为统计局公布数据。

三、农村居民人情消费状况分析

农村居民的消费观直接影响其消费行为，人情消费已经成为农民的一项沉重负担，了解农村居民人情消费的现状有助于探究人情消费的理性回归。下文主要对农村居民人情消费的水平、消费频率、消费形式和负担等情况做简单的描述分析，为进一步探讨农村居民人情消费支出的决定因素提供必要的准备。

本研究借鉴已有研究成果（阎云翔，2000），将农村人情消费支出划分为拜年支出与非拜年支出两大类，图 1 为人情消费支出总体规模情况。从图中可以看出，农村居民户均人情消费支出 8 282.3 元，占家庭可支配收入的 14.6%；其中，拜年性支出平均为 4 226.0 元，占家庭可支配收入的 7.5%；非拜年性支出平均为 4 056.3 元，占家庭总可支配收入的 7.1%。样本地区农村居民人情消费支出绝对水平较高，占家庭收入比例较大。

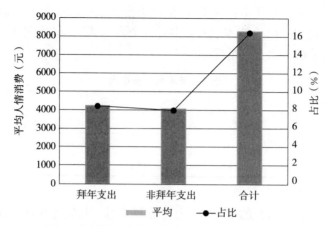

图 1　农村居民户均人情消费支出总体规模状况

注：占比表示该地区户均拜年及非拜年支出占户均家庭人均可支配收入比例。

表 3 和图 2 分别为户均每年人情消费频次、农村人情消费支出形式，从表 4 可以看出家庭拜年频次为 15.7 次；非拜年人情消费支出频次为 4.9 次，人情消费年均消费次数较多、频率较高；从图 2 可以看出非拜年型人情消费以现金支付为主，比例高达 97.4%，人情消费形式呈现较强的货币化趋势。

表 3　户均每年人情消费频次

类型	支出对象	平均（次）
拜年	亲戚	12.8
	非亲戚	2.9
	小计	15.7
非拜年	礼尚往来	4.8
	工具目的	0.1
	小计	4.9

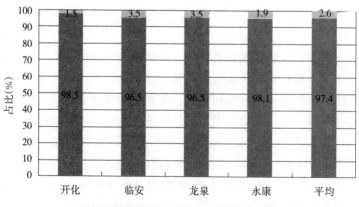

图 2　农村人情消费支出形式所占的百分比

从图 3 样本平均水平来看人情消费支出、医疗保健、教育和文化娱乐占人均可支配收入比例分别为 11％、7％、5％ 和 3％，人情消费支出远高于其他三项支出，名目繁多、高频次的人情消费一定程度上挤占了家庭医疗、教育和文化消费的投资。从图 4 可以看出人情消费对家庭支出压力为很大或较大、一般、不大和很小的比例分别为 45％、26％、30％，表明目前农村地区人情往来对家庭支出压力较大。

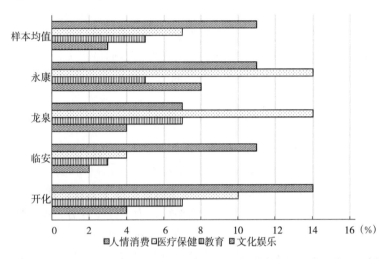

图 3　人情消费支出、医疗保健、教育和文化娱乐占人均可支配收入比例

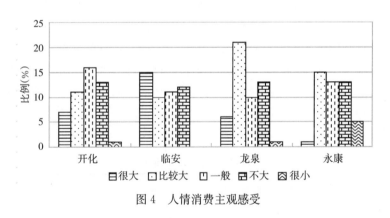

图 4　人情消费主观感受

四、模型估计与结果分析

经典的经济学消费理论中，影响消费的最重要因素是收入，而各个消费理论假说的差异在于收入的表现形态。收入是否会在群体中产生示范效应？收入的变动对人情消费支出是否有非线性影响？为此，下面将通过计量经济学模型，对影响农村居民家庭人情消费支出的主要因素进行定量分析。

（一）模型设定与变量选择

当代消费理论起源于凯恩斯的"绝对收入假说"，该假说认为消费主要由收入决定。

而 Duesenberry (1949) 认为消费水平受周围其他消费者的相对收入和消费水平的影响，即当消费者的收入与周围消费者的收入相比不变时，其收入中用于消费的比例就不会发生变化；而当该消费者收入未变，随着周围消费者收入和消费水平的增加，该消费者在周围消费者的"示范作用"下，会提高其自身的消费水平和消费倾向。闫新华等（2016）利用中国家庭金融调查数据对家庭跨期消费进行实证检验，结果表明，当期消费不仅取决于当期收入还受当期和未来参照组平均支出水平的影响。基于已有理论，以家庭所在村户均收入水平，即相对收入替代参照组未来人情消费支出，以村户均家庭人情消费支出代表参照组当期消费支出，将农村居民家庭人情消费支出的计量模型设定为：

$$1ncom_i = \alpha + \beta 1 \ln(Incom_i) + \beta 2 \ln(\overline{Incom_i}) + \beta 3 \ln(exper_i) + \gamma X_i + \lambda D_i + \varepsilon$$

$$(1)$$

式中，con_i 为农村居民家庭人情消费支出的水平，主要包括春节拜年支出和红白喜事及表达情感等支出，$Incom_i$ 为家庭人均可支配收入，$incom_i$ 为农户家庭所在的行政村户均家庭人情消费平均水平，X_i 表示其他控制变量，包括农户社会资本因素、家庭负担因素以及户主特征因素，D_i 为地区虚拟变量，用以控制除了上述因素外其他观测因素；ε 为随机扰动项，α、$\beta 1$、$\beta 2$、$\beta 3$、γ、λ 为待估参数。为了减少异方差的影响，家庭人情消费支出、户均收入以及户均人情消费支出变量做了取对数处理。

表 4 为解释变量的定义与描述统计，从各变量对农村居民家庭人情消费的预期影响来看，家庭经济因素方面，家庭收入水平越高消费支出的门槛效应越高进而人情消费支出数额越高，由于消费的示范效应，收入较低家庭所在群体的收入往往有较高的消费倾向；控制变量中，社会资本因素用家庭红白事帮忙的人数来衡量，反映家庭社会网络大小；家庭负担方面，家庭上学子女比例越高，家庭在子女教育、课后辅导等方面的人情往来频率越高，因此，上学子女比例越高，人情消费支出越高；用家庭中老人比例以及不健康人口比例来反映家庭负担，家庭负担对家庭人情消费可能产生一定的抑制作用；户主特征方面，根据已有的研究，户主教育程度越高，家庭人情消费支出水平越高。

表 4   解释变量定义与描述统计

变量名称	变量定义与取值	均值	标准差	预期影响方向
家庭可支配收入	家庭总收入	54 444.920	59 617.360	＋
村户均收入	农户所在村均收入	54 444.920	29 200.040	－
村户均人情消费支出	农户所在村均人情消费	7 671.949	4 313.336	？
红白事村民参加人数	实际人数（人）	133.866	106.853	＋
上学子女比例	上学子女占比	0.125	0.166	－
老人比例	70 岁以上老人占比	0.268	0.332	－
不健康人口比例	不健康人口比例	0.095	0.205	－
户主性别	1＝男，0＝女	0.974	0.159	？
户主教育程度	按户主的上学年限计算（年）	5.804	3.227	＋
户主健康状况	1＝健康；2＝基本健康；3＝不健康	1.289	0.528	－

（二）结果与分析

本文运用多元线性回归模型分析影响浙江省集体林区农村居民家庭人情支出的主要因素，拟合的 R-squared 为 0.418，故解释变量对因变量整体解释能力较强，模型整体拟合程度较好。此外，各因素对农村居民人情消费的影响基本符合预期，计量模型估计结果如表 5 所示。从表中可以得出以下结果：

家庭可支配收入、家庭所在村户均收入平均水平对家庭人情消费支出有显著影响。农村居民在人情消费水平上的差距，随着收入水平差距的不断加大而加大，这可能是因为收入水平较高群体的社交圈、业缘圈范围会更广一些，人情往来的频次也更高一些。农村居民家庭人情消费支出与其所在村户均收入水平负相关，这可能有两方面的原因：一方面，所在村未来人情消费支出预期一定程度上抑制了家庭当期的人情消费支出，相对消费理论指出家庭收入一定的情况下，当消费者增加当期支出势必会减少未来支出，消费者重视当期人情消费支出所带来的当期诸如信息、资源以及地位等重要的收益。农村居民所在村户均人情消费支出没有显著影响，这可能是，伴随着农村消费市场转型劳动力人口的流动，农户尤其是外出务工人员更加重视家庭之间信息、资源的沟通交流，社会网络的构建，而不仅仅是跟风攀比消费，这也从侧面反映出农村居民家庭人情消费行为不是绝对的盲从。

其他控制变量中，红白事帮忙人数越多家庭人情消费支出水平越高，这和家庭社区网络的扩大有关。户主教育程度越高，其社交圈子越大，从而人情消费支出也越多。从区域特征来看，不同地区之间人情消费支出有显著差异，临安地区人情消费支出水平显著高于开化。

表 5　多元线性回归模型估计结果

变　量	系数	T 值	$Pr>|t|$
家庭可支配收入（对数）	0.265***	3.340	0.001
村户均收入（对数）	−0.345*	−1.830	0.069
村户均人情消费支出（对数）	0.143	0.640	0.520
红白事村民参加人数	0.002***	2.630	0.009
上学子女比例	0.128	0.350	0.726
老人比例	0.031	0.160	0.876
不健康人口比例	−0.406	−1.240	0.215
户主性别	0.060	0.160	0.870
户主教育程度	0.050**	2.570	0.011
户主健康状况	−0.061	−0.500	0.616
临安	0.896***	3.020	0.003
龙泉	−0.276	−1.310	0.192
永康	0.087	0.390	0.701
常数项	7.391***	2.990	0.003
R-squared	0.418		

注：① *、**、***分别表示在 10%、5%和 1%的显著性水平。
②模型中地区虚拟变量以开化作为基准组。

五、结论与讨论

本文根据浙江省集体林区农户调查数据，在简要分析集体林区农村居民家庭人情消费状况的基础上，采用多元线性回归计量模型分析工具，实证分析农村居民家庭人情消费支出的可能影响因素，以期为促进农村人情消费合理化，为当代新农村建设提供决策参考。研究结果表明：

（1）农村居民人情消费支出具有如下特征：①样本地区农村居民人情消费支出绝对水平较高，占家庭收入比例较大，家庭支出负担较大；户均人情消费支出 8 282.3 元，占家庭可支配收入的 14.6%，接近 45% 的农户表示人情消费对家庭支出压力很大或较大。②人情消费支出的频率高，消费支出形式呈现货币化趋势。农户平均一年内拜年人情消费支出频次为 15.7 户，非拜年人情消费支出频次为 4.9 次，近 1/4 的农户每两个月就有一次人情消费支出，非拜年型人情消费以现金支付的比例占 97.37%。在人口趋于流动、人际关系波动与市场经济的背景下，传统人际关系受到功利性因素影响与金钱的侵蚀，人情往来物欲化，农村人情消费呈现非理性趋势，加重了农村居民家庭负担，给农村居民生产、生活带来一定的负面影响。③人情消费支出的增加对医疗、教育和文化娱乐消费等有较大的挤出效应。

（2）农村居民人情消费内部存在示范效应，在农村现有条件下人情消费仍将愈演愈烈。农村人情消费的攀比消费普遍存在，收入较低的农村居民借助红白事的炫耀性消费寻求身份或社会地位的认同，在群体中产生示范效应，并导致人情消费标准的节节攀升，出现农村居民在人情消费上有较大的经济负担同时却推动了人情消费愈演愈烈的现象。此外，示范效应通过改变家庭决策者对未来收入预期而影响当期的家庭人情消费支出，农村高收入群体相对收入提高，农村居民更容易将周围居民收入的提高转化为自身的示范效应，强化了收入增加对人情消费支出的正向影响。农村居民通过炫耀性攀比消费在群体中营造的"你高我更高"消费观念，加之周围高收入群体示范效应，两者合力推高了农村人情消费水平。

长期的城乡二元经济结构及户籍制度的制约，外出就业、信息资源获取较难，农村金融市场，信贷市场的不完善，使得农户生产经营、日常消费、农户借贷有很大不确定性，与此同时，人情往来在促进就业，缓解农户借贷约束，获取重要的地位资源等方面发挥着举足轻重的作用。基于以上结论我们得到以下启示，政府应该积极稳妥地推进农村金融市场和社会保障体系的健全，增加农村金融产品和服务的供给，降低交易成本，增强农村金融机构支持"三农"的力度，降低农村居民对人情消费的过度依赖。其次，政府应该加强宣传教育，形成红白事"大操大办可耻、新事新办光荣"的舆论氛围，尤其减少红白事炫耀性消费，倡导"绿色消费"的理念，推动人情消费的合理回归，形成农村消费文化健康之风。最后，农村居民通过自我教育提高科学文化素质，合理安排家庭人情消费比例，减弱其对医疗、教育投入的挤占效应，提高农村居民人力资本投资积极性，借助人力资本积累打赢脱贫攻坚战。

参考文献

陈浩天，2011. 城乡人口流动背景下农村地区人情消费的行为逻辑——基于河南省 10 村 334 个农户的实

证分析 [J]. 财经问题研究，7：117-121.

费孝通，2005. 乡土中国 [M]. 北京：北京出版社.

胡杰成，2004. 理性或非理性——试析目前农民人情消费之风 [J]. 调研世界 (12)：38-40.

胡俞，韦克难，2013. 社会网络对城乡居民消费支出的影响——基于中国西部社会经济变迁调查数据的分析 [J]. 城市问题，5：16-20.

黄玉琴，2002. 礼物、生命仪礼和人情圈——以徐家村为例 [J]. 社会学研究 (4)：88-101.

金晓彤，陈艺妮，王新丽，2010. 我国农村居民人情消费行为的特征与基缘——以豫南杨集村为例 [J]. 吉林大学社会科学学报，3：123-129，160.

李晓青，2012. 社会文化视野下的农村人情消费 [J]. 理论视野 (2)：67-69.

刘军，邸建雄，2004. 农村人情消费的经济学分析 [J]. 农业经济问题，24 (8)：71-73.

刘军，2004. 农村人情消费的经济学思考 [J]. 消费经济，20 (4)：17-20.

罗冬冬，苏露露，2014. 变迁视野下的乡土人情 [J]. 山西农业大学学报. 社会科学版，13 (1)：80-83.

田学斌，闫真，2011. 农村人情消费中的非正式制度：一个交易费用理论框架 [J]. 消费经济，3：85-89.

王宁，2001. 消费社会学——一个分析的视角 [M]. 北京：社会科学文献出版社.

吴林婧，刘澈元，2013. 泛北部湾中国农村人情礼影响因素的经济学研究——基于广西荔浦、全州两县303 个农户的实证分析 [J]. 开发研究，6：94-97.

阎云翔，2000. 礼物的流动：一个中国村庄中的互惠原则与社会网络 [M]. 上海：上海人民出版社.

杨敬舒，晁钢令，2009. 中国居民攀比性消费行为的成因和影响研究 [J]. 消费经济，6：51-54，84.

杨敬舒，2010. 中国居民攀比性消费行为影响因素的实证研究 [J]. 西北大学学报：哲学社会科学版，1：106-110.

袁金辉，2011. 推动农村人情消费的理性回归 [J]. 理论探索 (2)：82-84.

Brown P H，Bulte E，Zhang X，2011. Positional spending and status seeking in rural China [J]. Journal of Development Economics，96 (1)，139－149.

Duesenberry J S，1959. Income saving and the theory of consumer behavior [M]. Cambridge Massachusetts Harvard University Press.

附　录

北京农业经济学会 2016 学术年会简介

2016 年 12 月 10 日，由北京农业经济学会和中国人民大学农业与农村发展学院共同主办的北京农业经济学会 2016 学术年会在中国人民大学明德主楼举行，来自中国社会科学院农村发展研究所、中国农业科学院农业经济与发展研究所、清华大学中国农村研究院、中国农业大学经济管理学院、中国土地学会、北京市农村经济研究中心、北京市农林科学院、北京农学院经济管理学院、南京农业大学公共管理学院、西北农林科技大学经济管理学院、华中农业大学经济管理学院、华南农业大学经济管理学院，以及我院等教学科研单位的专家学者 70 多人参会。本次学术年会的主题是"制度创新与农业经济发展"，与会代表围绕农地制度改革、农村金融、产业发展、精准扶贫等理论与现实问题，进行了热烈而深入的学术交流。

学术年会开幕式由北京农业经济学会副会长兼秘书长、曾寅初教授主持。北京市社会科学界联合会学会管理部周志勇主任代表社科联在开幕式上致辞，对本届学术年会的召开表示热烈祝贺，对北京农业经济学会的工作给予充分肯定，并希望学会继续积极发挥作为交流平台的作用，推进我国农业经济学术事业的发展。北京农业经济学会会长、中国人民大学农业与农村发展学院院长唐忠教授在开幕式上致辞，对北京市社会科学界联合会对学会工作的大力支持表示感谢，对学会成员单位，特别是本届学术年会征文的投稿作者尤其是京外高校的作者的支持与积极参与表示感谢，并在简要回顾了学会发展历程的基础上，介绍了本届学术年会的研讨主题和议程安排。

开幕式后举行了主题为"农村土地制度改革与创新"的 2016 学术前沿论坛北京农业经济学会专场报告会。报告会由学会会长、中国人民大学农业与农村发展学院院长唐忠教授主持，北京市社会科学界联合会学术部李志东主任出席了专场报告会。来自基层、中央政府和学界的 6 位嘉宾分别围绕农村土地制度的基层改革实践、政策调整过程、理论研究方向等问题做了精彩报告。

湖南省宁乡县鹊山村党支部陈剑书记从当地出现的"人地分配不均衡"现象带来的矛盾出发，介绍了以行政村主导开展土地合作经营，通过农地股份合作的方式实现规模经营的改革实践。中央政策研究室经济局长冯海发研究员则以农村土地制度变革为中心，从农村土地制度实行三权分置、加快构建新型农业经营体系、给农民更多的财产权利等 3 个方面，梳理了党的十八大以来"三农"理论和政策上的重大创新。山东省禹城市农工办主任张立明在报告中介绍了禹城市结合当地实际，通过"就地就近城镇化、离土不离乡、进厂不进城等"方式盘活土地资产的主要做法，以及此项改革所带来的效果。农业部经济体制与经营管理司赵琨副司长在报告中认为土地制度问题不仅仅是经济问题，还决定着农村社会治理构架，并在报告中根据政策调整的方向，提出了面对部分地区出现的"人地分离"现象应该如何调整、面对"不在地主"问题进城农民应该如何退出土地权益，以及土地经营权应该如何集中等亟待深入研究的问题。国务院研究中心农村部副部长张云华研究员，则以四川省平山县农地制度改革试点为例，介绍了平山县承包地退出模式、退出条件、退出的补偿标准、退出补偿的资金来源等具体做法，在对改革试点的效果进行分析的基础上，退出了我国农村承包地退出的政策建议。北京农业经济学会会长、中国人民大学农业与农村发展学院院长唐忠教授则从已经实现工业化的发达国家的农业发展模式的历史和国际视角，探讨了农地制度改革及其相关政策调整的理论含义，并重点从劳动与土地的替代实现规模经营、资本与劳动的替代实现农业机械化两个维度，阐述了农地制度改革的实质是适应新时代的"人地资源重新配置"问题。

学术年会征文入选的学术论文，分成"土地制度与农地流转""农村金融与风险管理""经营组织与产业发展"和"扶贫发展与人口流动"4个主题，分别在4个分会场进行了发表交流。中国人民大学苏州校区党委书记、中法学院和国际学院院长、教育部长江学者、我院朱信凯教授，学会副会长、北京农学院经济管理学院院长李华教授，学会副秘书长、中国社会科学院农村发展研究所翁鸣研究员，学会常务副会长、中国人民大学农业与农村发展学院孔祥智教授分别主持了学术论文发表会。来自中国人民大学农业与农村发展学院的汪三贵教授、马九杰教授、王志刚教授、庞晓鹏教授、陈卫平教授、仝志辉教授、毛学锋副教授、朱勇讲师等专家学者对发表的论文进行了精彩的评论。

学术年会闭幕式由学会常务副会长、中国人民大学农业与农村发展学院孔祥智教授主持。学会副会长兼秘书长、中国人民大学农业与农村发展学院曾寅初教授简要介绍了本次年会征文以及优秀论文评审的有关情况。本次学术年会共收到70篇学术论文，经过学会特邀专家组匿名评审，共确定入选论文33篇。在入选论文中，4篇优秀论文荣获"周诚农业经济学奖"二等奖，11篇优秀论文荣获"周诚农业经济学奖"三等奖，本届"周诚农业经济学奖"一等奖空缺。到会的学会会长、副会长和副秘书长向本届学术年会征文所有入选论文的作者颁发了入选优秀论文奖证书，并向"周诚农业经济学奖"获奖论文的作者颁发了奖金。本届"周诚农业经济学奖"的奖金继续由中国人民大学农业与农村发展学院校友、北京大德长丰农业生物技术有限公司的邓联武董事长赞助支持。学会会长、中国人民大学农业与农村发展学院长唐忠教授进行了简短的会议总结。

北京农业经济学会秘书处

2016 年 12 月

北京农业经济学会 2016 学术年会入选征文

北京农业经济学会 2016 学术年会征文活动从 10 月 19 日开始至 11 月 30 日结束，得到北京地区以及部分外地高校和科研机构的积极响应，共收到投稿论文 70 篇。以投稿论文的第一作者所在单位统计，共涉及 22 个单位。其中，中国人民大学农业与农村发展学院 19 篇，中国农业大学经济管理学院 13 篇，西北农林科技大学经济管理学院 7 篇，华中农业大学经济管理学院 6 篇，中国农业科学院农业经济与发展研究所 4 篇，陕西师范大学国际商学院 3 篇，清华大学中国农村研究院和武汉轻工大学经济与管理学院各 2 篇，国家发展和改革委员会价格监测中心、农业部农村经济研究中心、北京理工大学、北京市农村经济研究中心、中国农业科学院农业资源与农业区划研究所、中国土地学会、南京农业大学公共管理学院、华南农业大学经济管理学院、河北经贸大学、淮阴工学院、西南政法大学管理学院、天津农学院、天津商业大学、温州大学各 1 篇。经过学会特邀专家组匿名评审，共确定入选论文 33 篇如下（按论文标题首字拼音排序）：

北方农牧交错区玉米结构调整的困境与发展策略

刘慧、赵一夫、周向阳、张宁宁（中国农业科学院农业经济与发展研究所）

城镇化、工业化与农民收入增长关系与区域差异

王月、霍学喜（西北农林科技大学西部农村发展研究中心）

村级产权干涉对农户农地转出行为的影响分析

孙小龙、郜亮亮、郭沛（中国农业大学中国农村政策研究中心、中国农业大学经济管理学院、中国社会科学院农村发展研究所）

道义经济与农民土地流转行为决策：人情法则 VS 市场规则——基于新疆维吾尔族聚居村落的调查

王岩、石晓平（南京农业大学公共管理学院）

地方公共品供给与人口迁移——来自全国地级以上城市的经验证据

杨义武、林万龙、张莉琴（中国农业大学经济管理学院）

地理禀赋贫困陷阱存在吗？——基于中国健康营养调查（CHNS）数据的分析

袁航（中国人民大学农业与农村发展学院）

风险规避、社会资本对农民工务工距离的影响

陆岐楠、张崇尚、曲晓睿、仇焕广（中国人民大学农业与农村发展学院）

风险之殇：对转基因和非转基因大豆油支付意愿差距的修正

周海文、李腾飞、王志刚（中国人民大学农业与农村发展学院）

供需双重配给下的农产品购销商正规信贷约束——基于 1422 家批发市场购销商数据的样本选择 Probit 模型估计

胡历芳、曾寅初（中国人民大学农业与农村发展学院）

集体组织对土地流转价格的影响分析——基于山东省 296 户农户的调研分析

吕亚荣、吴丽丽、于婷（中国人民大学农业与农村发展学院）

价格支持政策对化肥施用量的影响——分析框架与反事实验证

马英辉、蔡海龙（中国农业大学）

经营规模的扩大有助于农户采取环境友好型生产行为吗？

张娇、刘乐、张崇尚（中国人民大学农业与农村发展学院）

精准扶贫视角下的农村居民人情消费

王凤婷、刘强、熊立春（中国农业大学、浙江大学、北京林业大学）

老年人宗教信仰与子女代际支持

郑晓冬、苏保忠、方向明（中国农业大学经济管理学院）

留守儿童、随迁儿童的饮食规律和荤素搭配更差吗？——来自青、陕、豫的证据

范焱红、樊林峰、林文声、王志刚（中国人民大学农业与农村发展学院）

农产品金融化对玉米价格波动的传导机制及效应研究：基于 ARDL 模型

吴海霞、葛岩、史恒通、李鹏（陕西师范大学国际商学院、中央财经大学财政学院）

农地确权、资产专用性与农地流转

林文声、王志刚（中国人民大学农业与农村发展学院）

农户农地流转的意愿价格差异及影响因素——基于种粮目的分化视角

黄文彬、陈风波、谭莹（华南农业大学经济管理学院）

农户土地流转与农业生产率变化

曾雅婷（中国人民大学农业与农村发展学院）

农业保险补贴如何规避 WTO 规则约束：美国做法对中国的启示

齐皓天、徐雪高、朱满德、袁祥州（华中农业大学经济管理学院、江苏省农业科学院农业经济与信息研究所、贵州大学经济学院、福建农林大学经济学院）

"授之以鱼，不如授之以渔"——政府支持合作社的效能边界及其方式优化研究

许建明、孟庆国（清华大学公共管理学院/中国农村研究院）

商家营销策略对青少年儿童零食消费的影响——以青、陕、豫三省农村 1047 名学生为例

黎哲延、林文声、樊林峰、王志刚（中国人民大学农业与农村发展学院）

社会信任与农村劳动力代际职业流动

王宇、臧日宏（中国农业大学经济管理学院）

社区综合发展"益贫"还是"溢富"？——基于精准扶贫和收入分配效应视角

郭君平（中国农业科学院农业经济与发展研究所）

收益预期、农业政策与我国农作物供给

王晨、王济民（中国农业科学院农业经济与发展研究所）

台资蔬菜制种企业在大陆发展面临的问题及政策建议

周向阳、沈辰、赵一夫（中国农业科学院农业经济与发展研究所、中国农业科学院农业信息研究所）

小规模农户能否推动农业绿色化进程——以秸秆还田为例

江鑫、颜廷武（华中农业大学经济管理学院、湖北农村发展研究中心）

信贷、贫困与不平等：来自中国农贷市场的证据

朱炯（中国人民大学农业与农村发展学院）

制度、新型村民自治组织与农地确权纠纷的处理——基于河北省 PX 县 3 个案例的分析

倪坤晓、谭淑豪（中国人民大学农业与农村发展学院）

制度变迁与农业全要素生产率：水平效应与增长效应

葛静芳、司伟（中国农业大学经济管理学院）

中国建立健全城乡统一建设用地市场的现实基础分析

蒋亚平、丁琳琳、潘小勇（中国土地学会、中国农业科学院农业经济与发展研究所、中国土地勘测规划院）

专业化农户正规信贷需求对比分析——基于全国 725 个专业化苹果种植户微观数据

马燕妮、霍学喜（西北农林科技大学经济管理学院、西部农村发展研究中心）

作为康德式社会契约的合作社：理解合作社原则

许建明（清华大学公共管理学院/中国农村研究院）

北京农业经济学会秘书处

2016 年 12 月 5 日

北京农业经济学会第七次会员大会
暨 2017 学术年会简介

2017 年 12 月 23 日，北京农业经济学会第七次会员大会暨 2017 学术年会在中国人民大学举行，在京农业经济相关教学科研机构的专家学者、北京农业经济学会会员，以及本次学术年会入选征文的作者等 230 多人参会。

会议开幕式由北京农业经济学会六届理事会会长、中国人民大学农业与农村发展学院院长唐忠教授主持。中国人民大学常务副校长王利明教授，北京市社会科学界联合会党组荣大力副书记，农业部原常务副部长、中国农业经济学会尹成杰会长出席开幕式并致辞。

北京农业经济学会第七次会员大会与换届选举会，由北京农业经济学会第六届理事会副会长、北京农学院经济管理学院李华教授主持。北京农业经济学会第六届理事会会长、中国人民大学农业与农村发展学院院长唐忠教授首先代表六届理事会做工作报告和财务报告，北京农业经济学会第六届监事会监事、北京农学院陈娆教授做六届监事会监察报告，北京农业经济学会第六届理事会副会长兼秘书长、中国人民大学农业与农村发展学院曾寅初教授做学会章程修改和收费办法的说明。到会会员表决通过了北京农业经济学会第六届理事会的工作和财务报告、第六届监事会的监事报告，以及学会章程的修改和学会收费办法。

根据学会章程规定的换届选举程序，到会会员投票选举产生了由白军飞等 75 个理事组成的北京农业经济学会第七届理事会和由黄季焜等 3 人组成的第七届监事会。到会的学会第七届理事会理事投票选举产生了北京农业经济学会第七届理事会会长、副会长、秘书长和常务理事，中国人民大学农业与农村发展学院朱信凯教授当选为学会第七届理事会会长、中国人民大学农业与农村发展学院仇焕广教授当选为学会第七届理事会常务副会长兼秘书长，陈传波等 19 人当选为学会第七届理事会常务理事。到会的学会第七届监事会投票选举北京大学现代农学院黄季焜教授为学会第七届监事会监事长。在随后召开的北京农业经济学会第七届理事会常务理事第一次会议上，根据学会第七届理事会朱信凯会长的提名，表决决定聘任学会第六届理事会会长唐忠教授为学会名誉会长、学会第六届理事会常务副会长孔祥智教授等 6 人为学会顾问、中国人民大学农业与农村发展学院谷莘等 5 人为学会第七届理事会副秘书长。

在由北京市社会科学界联合会资助、北京农业经济学会主办的"2017 学术前沿论坛北京农业经济学会专场"报告会中，农业部种植业司曾衍德司长、北京市农林科学院院长李成贵研究员、农业部政策法规司赵长保副司长、中国社会科学院农村发展研究所谭秋成研究员和中国人民大学农业与农村发展学院院长唐忠教授，围绕"农业供给侧结构性改革与乡村振兴"的主题，分为两个时段分别做了精彩的主题报告。

学术年会征文入选的学术论文，分成"创业收入与健康生活""经营行为与农户生计"

"食品安全与市场价格"和"社会服务与粮食安全"4个主题,分别在4个分会场进行了发表交流。中国农业大学经济管理学院副院长司伟教授、北京市社会科学院经济研究所魏巍研究员、北京工商大学经济学院党委书记张正平教授和农业部农村经济研究中心谭志心副研究员分别主持了学术论文发表会,来自中国人民大学农业与农村发展学院的王志刚教授、田晓辉副教授、毛学锋副教授和马九杰教授对发表的论文进行了精彩的评论。

学会新当选的第七届理事会会长、中国人民大学农业与农村发展学院朱信凯教授主持了会议闭幕式。学会第六届理事会副会长兼秘书长、中国人民大学农业与农村发展学院曾寅初教授简要介绍了本次年会征文以及优秀论文评审的有关情况,并宣布了各类奖项的获奖名单。本次学术年会共收到37篇征文,经过学会特邀专家组匿名评审,确定入选论文20篇。在入选论文中,4篇荣获征文优秀论文"周诚农业经济学奖"二等奖,6篇荣获征文优秀论文"周诚农业经济学奖"三等奖,其余10篇荣获征文优秀论文入选奖。到会的学会会长、副会长和副秘书长向本届学术年会征文优秀论文的作者颁发了优秀论文获奖证书,并向获得征文优秀论文"周诚农业经济学奖"二等奖和三等奖论文的作者颁发了奖金。学会第六届理事会会长、中国人民大学农业与农村发展学院院长唐忠教授,代表会议主办单位对本次会议做了简要总结。

本次会议的部分经费和征文优秀论文获奖者的奖金得到了中国人民大学农业与农村发展学院校友邓联武先生的资助。

北京农业经济学会秘书处
2017年12月

北京农业经济学会 2017 学术年会入选征文

北京农业经济学会 2017 学术年会征文活动从 11 月 15 日开始至 12 月 15 日结束，得到北京地区以及部分外地高校和科研机构的积极响应，共收到投稿论文 37 篇。以投稿论文的第一作者所在单位统计，共涉及 10 个单位。其中，中国农业大学经济管理学院 17 篇，中国人民大学农业与农村发展学院 11 篇，中国农业科学院农业经济与发展研究所 2 篇，北京林业大学经济管理学院、北京农业信息技术研究中心、大连理工大学管理与经济学部、华南农业大学经济管理学院、华中农业大学、西北农林科技大学经济管理学院、中国海洋大学管理学院各 1 篇。经过学会特邀专家组匿名评审，共确定入选论文 20 篇如下（按论文标题首字拼音排序）：

公众禽流感关注度与畜禽产品价格波动——基于时变参数向量自回归（TVP-VAR）模型

郑燕（中国农业大学）

互联网使用有助于农民工创业吗？——来自流动人口动态监测调查的经验证据

祝仲坤、冷晨昕（中国人民大学农业与农村发展学院、中国农业大学经济管理学院）

基于荟萃回归分析的中国乳制品需求预测

翟世贤（中国农业大学）

基于消费者细分的食品购买决策研究——来自全国 10 个省区市的 2169 份问卷调查

马晔、滕沛璇、王志刚（中国人民大学农业与农村发展学院）

粮食生产效率与土地经营规模的关系——基于 2011 年全国农村固定观察点数据的实证分析

程申、郑志浩、孙昊（中国农业大学经济管理学院、农业部农村经济研究中心产业与技术研究室）

粮食收获环节损失及其主要影响因素——基于全国 1135 户小麦种植户的实证分析

曹芳芳、武拉平（中国农业大学经济管理学院）

目标价格、要素需求与政策漏出——基于中国大豆市场的局部均衡分析

马英辉、蔡海龙（中国农业大学）

农产品政策对农产品期现货市场关系影响研究

丁存振（中国农业大学经济管理学院）

农村集体资产股权设置与管理研究

钟桂荔、夏英（中国农业科学院农业经济与发展研究所）

农村居民饮食行为对其健康水平影响的三个维度分析——基于河南省中牟县 241 份调查数据的 Odered Probit 分析

李睿、于滨铜、王志刚（中国人民大学农业与农村发展学院）

农村信息化对农户收入及收入差距的影响

朱秋博、白军飞、朱晨（中国农业大学经济管理学院）

农地产权安全对农户长期投资行为的影响——基于全国 8 省地块层面的数据分析

孙小龙、程健、邢璐瑶、郭沛（中国农业大学经济管理学院、西北农林科技大学经济管理学院）

农地确权何以影响农户农地租入行为？——基于中国劳动力动态调查数据的实证分析

林文声、王志刚（中国人民大学农业与农村发展学院）

农机具购置补贴、农机社会化服务和农民增收

杨义武、林万龙（中国农业大学经济管理学院）

生产性服务对苹果生产技术效率的影响：促进还是抑制？

张聪颖、畅倩、霍学喜（西北农林科技大学经济管理学院）

食品质量安全监管下经营者罚款与消费者赔偿的效果比较——以流通领域为例

杨鑫、穆月英（中国农业大学）

市场参与和互惠合作模式下的草地经营效果分析——基于内蒙古草原牧区的调研

张如心、张梦君、谭淑豪（中国人民大学）

统分结合新形式与农业规模化经营的实现——基于河南省荥阳市新田地种植专业合作社的案例分析

张琛、周振、安旭、孔祥智（中国人民大学农业与农村发展学院、国家发展和改革委员会产业经济与技术经济研究所）

为自己而活的时间减少了吗？——子女外出务工对农村老年人社会活动参与的影响

郑晓冬、方向明、杨园争（中国农业大学经济管理学院、中国社会科学院农村发展研究所）

制度变迁背景下牧民的生计脆弱性分析——基于"脆弱性——恢复力"框架

励汀郁、谭淑豪（中国人民大学农业与农村发展学院）

北京农业经济学会秘书处

2017 年 12 月 18 日

后　　记

　　北京农业经济学会学术文集2017/2018《中国农业经济制度创新研究》书稿，经过一段时间的整理编辑终于可以提交给出版社了。这是北京农业经济学会编辑出版的第三本学术文集，与前两本文集一样，本文集收录的论文主要来自于北京农业经济学会每年召开的学术年会。

　　2016年12月10日，北京农业经济学会与中国人民大学农业与农村发展学院共同召开了北京农业经济学会2016学术年会，来自北京地区以及南京、西安、武汉和广州等地教学科研单位的专家学者70多人参会，围绕"制度创新与农业经济发展"的会议主题，就农地制度改革、农村金融、产业发展、精准扶贫等理论与现实问题，进行了热烈而深入的学术交流。学术年会征文入选的学术论文，分成"土地制度与农地流转""农村金融与风险管理""经营组织与产业发展"和"扶贫发展与人口流动"4个主题，分别在4个分会场进行了发表交流。本文集主要是这次学术年会入选征文中尚未在其他学术刊物正式发表，并学会秘书处征询作者意见同意编入的论文。

　　与前两本文集一样，编入本文集的论文并不是没有问题，由于大多数论文是在校研究生为主完成的研究成果，存在着这样或那样的不足，也是完全可以理解的。而且编者在整理编辑时，也并没有对这些问题进行特殊的处理。但尽管如此，这些论文仍然具有其可贵的学术价值。许多论文既反映了作者对我国农业经济现实实践的强烈关注，也体现了对农业经济理论问题的不懈追求。北京农业经济学会出版此文集，正是希望通过农业经济学者之间的相互交流，共同提高我们的农业经济学术研究水平。

　　本文集的出版，我们首先要感谢各位作者积极支持本学会的活动，积极向本学会的学术年会提交征文，并到会进行报告交流，要感谢在学术年会上各位评论者对征文内容提出的宝贵的修改意见和建议，要感谢为学术年会组织和征文活动给予了大力支持的各学会团体会员单位，要感谢为学会学术年会及论文征文和报告交流做出贡献的秘书处工作人员和志愿者。特别要感谢来自天津和河北两地的农业经济学者积极参加本学会组织的学术研讨会和学术年会，并同意将征文收录在本文集中。其次，我们当然也要诚挚感谢为本文集的出版提供资助的北京市社会科学界联合会和中国人民大学农业与农村发展学院，感谢为文集出版做出贡献的出版社编辑！

2017 年 12 月 23 日，北京农业经济学会在中国人民大学召开了第七次会员大会暨 2017 学术年会，选举产生了新一届（第七届）学会理事会。因此，本文集的编辑出版应该是我们两位主编作为北京农业经济学会会长和秘书长完成的最后一项学会工作。但是，作为北京农业经济学会第七届理事会的名誉会长和顾问，我们将一如既往地支持和参与北京农业经济学会的各项活动，也完全相信在新一届理事会的领导下，北京农业经济学会的各项事业一定会越来越兴旺。

学术之树常青，思想之花长开。衷心希望本文集的出版能对学界同仁有所启迪。

北京农业经济学会第六届理事会会长　唐　忠
北京农业经济学会第六届理事会副会长兼秘书长　曾寅初
2018 年 2 月